本书由北京建筑大学2013年学科与研究生教材建设项目经费支持

经济管理学术文库·管理类

技术变革环境中组织的战略适应性

Research on the Strategic Adaptability of the Organization in a Changing Technological Environment

卢彬彬 / 著

经济管理出版社
ECONOMY & MANAGEMENT PUBLISHING HOUSE

图书在版编目（CIP）数据

技术变革环境中组织的战略适应性 / 卢彬彬著. —北京：经济管理出版社，2014.6
ISBN 978-7-5096-3072-3

Ⅰ.①技… Ⅱ.①卢… Ⅲ.①组织管理学 Ⅳ.①C936

中国版本图书馆 CIP 数据核字（2014）第 075507 号

组稿编辑：胡 茜
责任编辑：勇 生 胡 茜
责任印制：司东翔
责任校对：张 青

出版发行：经济管理出版社
（北京市海淀区北蜂窝 8 号中雅大厦 A 座 11 层 100038）
网 址：www. E-mp. com. cn
电 话：（010）51915602
印 刷：三河市延风印装厂
经 销：新华书店
开 本：720mm × 1000mm/16
印 张：11.75
字 数：179 千字
版 次：2014 年 6 月第 1 版 2014 年 6 月第 1 次印刷
书 号：ISBN 978-7-5096-3072-3
定 价：38.00 元

前　言

近年来，随着信息技术的发展，互联网、信息技术与传统产业融合的进程出现加速推进的趋势，传统产业的运营模式、商业规则面临巨大的挑战。例如，苹果、三星颠覆了传统的移动终端，亚马逊、阿里巴巴、京东商城等改变了传统零售行业，Twitter、Facebook、微信改写了传统社交方式……与信息时代之前的任何一个产业时代相比，现代产业组织所处的环境呈现出前所未有的动态性、复杂性和不可预测性。德鲁克曾经深刻地揭示："这是知识的本性：变化快，今天的必然成为明天的荒谬。"

信息时代对企业组织而言，意味着一个前所未有的急剧变革的时代。环境的动态、不确定变化必然导致企业管理决策上的复杂性，在重大的战略性问题上，如技术发展方向、商业机会、投资方向，陷入前景不明、无所适从的困境。面对技术和市场环境非连续的、难以预测的变化，企业组织必须及时识别变化，并及时把握机会适应变化，否则必将面临被市场淘汰的结局。纵观现代企业的发展历史，企业的发展机会往往与其对技术变革趋势的把握密切相关。一些企业尽管拥有强大的研发实力和主流市场的领导者地位，但由于对技术发展趋势的错误判断，而错失重要的发展机遇。

在对复杂动荡环境理解的基础上，企业要应对这种长期的不确定变化，最具战略重要性的东西是什么？从 20 世纪 70 年代开始，管理学界对这个问题的研究经历了一个持续发展的过程。Porter 的竞争力理论认为，企业的竞争优势外生于企业所处的产业环境中；资源基础观认为，组织的竞争优势是内生的，来源于企业所拥有的资源和能力，企业竞争力的差异在于其资源和能力的不同，但资源基础观对企业差异性资源和能力的来源无法做出解释；核心能力理论认为，组织的竞争优势来源于组织内生的“核心能力”，但是，当组织面临重大的技术变革时，其核心能力可能很快被淘汰，而且可能发展为阻碍组织转型的“核心刚性”，为了克服企业的核心刚性，强调“针对动态环境的资源和能力的灵活配置”的动态能力理论被用来解释企业在动荡环境中竞争优势的来源。现有动态能力理论的研究成果基本指明了适应能力培育机制的关键要素：机会识别、管理协调、资源配置。但目前对动态能力的研究尚存在一些问题，主要体现在动态能力的“灵活性”与“可控性”如何兼顾，以及企业动态能力的培育机制等。

本书围绕“企业对环境变化的认知和应对”这个基本问题，首先，从技术范式角度研究了技术环境变革的层次和程度，力图为企业提供一种可操作的技术变革评估的指标体系。其次，将培育“适应能力”作为应对环境动荡的方式，探讨在不同程度的技术变革环境中，企业适应能力与企业绩效之间的关系。再次，通过引入对新知识的“吸收能力”，研究企业适应能力的培育机制问题。最后，通过案例研究对以上问题和解决思路做了进一步验证和调整。

目录

第一章　导　论

一、研究背景与主要问题

（一）研究背景

1. 组织环境的动态性和不可预测性日益加剧

与信息时代之前的任何一个产业时代相比，现代产业组织所处的环境呈现出前所未有的动态性、复杂性和不可预测性。人们已经明显地感觉到，信息时代的一大特征就是不可预测的、非连续的变革。管理学大师彼得·德鲁克曾经深刻地揭示："这是知识的本性：变化快，今天的必然成为明天的荒谬。"因此，21世纪的任何企业都将遭遇到决策和管理的复杂性，在急剧增加的激烈动荡的环境中，都会不同程度地陷入前景不明、无所适从的困境：技术发展的方向何在？商业机会何在？投资方向何在？因此，信息时代对于企业组织而言，意味着一个前所未有的急剧变革的时代。产业内及相关产业的技术变革，是影响企业发展的重要环境因素之一。以计算机行业为例，曾经各领风骚的计算机软件、硬件制造商已经承受了来自移动通信设备和其他网端设备制造商带来的巨大竞争压力，整个行业经历了翻天覆地的兼并、重组的变革。众所周知，20世纪80年代末期和90年代初期，包括王安公司、数字设备公司（DEC）、太阳微系统公司（SUN）、IBM公司等在内的世界领先的计算机企业都经历了猛烈的、不可预见的技术、市场环境的变化，这些变化不仅威胁到它们在计算机行业中的领先地位，甚至威胁到企业生存的基础。事实上，在以上四家公司中，目前只有 IBM 成功实现了战略业务的转型，保持了独立经营者和行业领导者的地位，而王安公司于 1992 年破产，太阳微系统公司 2009 年被甲骨文公司收购，数字设备公司 2008 年被康柏公司（Compaq）兼并。

在技术变革加速的时代，一些企业尽管拥有强大的研发实力和主流市场的领导者地位，但由于对技术发展趋势的错误判断，一再错失重要的发展机遇，如 IBM、微软（Microsoft）。纵观这两个企业的发展历史，它们都曾经在外部技术环境发生或即将发生重大变化的情况下，由于对技术发展趋势的错误判断，错失了发展的良机。1981~1985 年，IBM 与微软、英特尔（Intel）合作开发了个人电脑。由于没有理解个人电脑在商业和企业中的应用，IBM 放弃了对个人电脑最高价值部分的控制，将操作系统和微处理器分别交给了微软和英特尔，从此这两家公司夺走了个人电脑行业的最高控制权。近年来，在移动操作系统、平板电脑、产品安全以及消费产品等领域，微软由于对技术和市场的发展趋势没有及时作出正确的反应，未能及时进入市场，从而错失了在这些战略性领域的发展时机。以移动操作系统为例，虽然微软在 2010 年 2 月推出了 Windows Phone 7 手机操作系统，但市场份额已经远远落后于苹果的 iOS 和谷歌 Android 操作系统。①

面对技术和市场环境非连续的、难以预测的变化，企业组织必须及时识别变化，并及时把握机会适应变化，否则必将面临被市场淘汰的结局。《经济学人》（The Economist）发表文章对目前 ICT 行业中现有主导企业的发展趋势进行了分析。IBM 从最初的穿孔卡片、磁带系统、大型主机和 PC 的生产商，逐渐转行为“服务和创意的提供商”，已经成长为一个具备广阔成长前景的综合型科技服务公司。苹果的业务领域从最初的计算机发展到媒体播放器、智能手机、平板电脑以及云服务。亚马逊和 Facebook 也是被认为有可能延续到 22 世纪的公司，亚马逊提供的是购买服务，Facebook 提供的是共享服务，《经济学人》认为，亚马逊将来会提供一种更简洁、更流行的购买方式，而 Facebook 将为用户提供更简捷、更

① 卢彬彬，罗仲伟. 技术变革引致的企业战略演进：以 IBM 为例[J]. 战略管理，2011，3（1）：61-76.

流行的共享方式。相比之下，戴尔、思科和微软的前景不容乐观，因为这三家公司依靠的只是产品，而不是理念。戴尔从事 PC 制造，思科提供路由器，微软开发 Windows，这三家公司很难“进行技术转型”。文章指出，除非进行业务转型，否则也许没到 21 世纪下半叶，这三家公司就已经不存在了。

2. 组织战略适应能力在动态环境中的重要性日益突出

在复杂、动态的环境中，在巨大的不确定性面前，如何适应变化、及时创新、获得生存和发展，是每一个企业组织面临的必然选题。作为 20 世纪管理领域内领先的商业思想者之一，彼得·德鲁克注意到了组织环境中的不确定性日益增长，并深刻意识到不确定的变革对组织计划和战略的挑战。他认为，在动荡的时代里，最可能出现的事件是那些不断改变结构的独特事件，而独特事件必定是无法预测和计划的，由此带来的挑战正在冲击着各类组织和机构，尤其是企业组织。在巨大的不确定面前，传统的计划毫无用处。为了生存，企业组织必须调整自身，适应这种长期的不确定状态。在对复杂动荡环境理解的基础上，组织要应对这种长期的不确定变化，最具战略重要性的东西是什么？理论界对这个问题的研究从 20 世纪 70 年代已经开始，至今经历了一个持续发展的过程。Porter（1980）提出的竞争力理论从产业环境角度分析了组织竞争优势的来源，认为组织的竞争优势外生于组织所处的产业环境中。资源基础观认为，组织的竞争优势是内生的，来源于企业所拥有的资源和能力（Wernerfelt，1984；Barney，1991），企业竞争力的差异在于其资源和能力的不同。但资源基础观对组织差异性资源和能力的来源没有做出解释。Prahalad and Hamel（1990）、Dierickx and Cool（1989）在组织内生优势产生的组织过程的研究基础上提出了核心能力理论，认为组织的竞争优势来源于组织内生的“核心能力”，并将核心能力定义为核心能力、核心产品和业务单元。[①][②] 但是，当组织面临重大的技术变革时，其核心能力可能很快被淘汰，而且可能发展为阻碍组织转型的“核心刚性”（Tushman and

① Prahalad，C.K.，Hamel，G. The core competencies of the corporationa［J］. Harvard Business Review，1990，68（3）：79–90.

② Dierickx I. and K.Cool. Asset stock accumulation and sustainability of competitive advantage［J］. Management Science，1989，35：1504–1511.

Anderson，1990；Leonard-Barton，1992）。[①] 为了克服组织的核心刚性，学者们又提出了动态能力理论，强调“针对动态环境的组织资源和能力的获取、整合、重构”，以此来解释组织可持续的竞争优势，对动态环境下组织优势的来源有较强的解释力（Teece and Pisano，1994）。[②]

巨大的生存危机使得企业组织在处理“对应不确定环境应采取什么样的战略”这个问题上，表现出前所未有的极大热情。在“如何提高组织应对变化的能力”方面，管理实践中卓有成效，这些试验和创新贯穿产品设计、供应链、生产管理、市场营销、客户关系等各个环节，如企业再造、组织结构扁平化、精益生产、柔性制造、供应链管理、客户关系管理等。以海尔为例，从 1984 年一个濒临倒闭的集体小厂发展壮大成为今天在国内外享有较高美誉度的跨国企业，海尔集团的发展经历了名牌化、多元化、国际化和全球化四个战略发展阶段。海尔的每一个战略发展阶段都有其特定的环境背景，海尔根据特定的环境背景，结合自身的发展特点，以市场和创新作为核心理念，精心培育企业以创新为核心的国际竞争力，是海尔发展战略最根本的出发点。海尔自 20 世纪 90 年代以来，在企业内部进行了持续的管理变革。通过业务流程再造，建立了适应供应链管理的业务流程和组织结构，打造了一种“打破职能部门之间的隔阂，促成物流、资金流、信息流在各个方向和层次上的顺畅流动”的“市场链”；通过生产流程变革，建立了按订单（make-to-order）生产的生产模式，把订单作为生产的起点和驱动，实行“倒流水线”生产；通过客户关系管理，整合上下游企业的供应链条和销售链条，不仅保证物流的高效顺畅，还强调与客户的互动，客户不仅是被看作订单的来源，而且是充分发挥其主动的、有创造性的因素，即把“我生产你购买”变成“你设计我生产”。

这些理论和实践上的创新从企业运行的不同层面关注并力图解决企业在不确定环境中面临的问题，实际上可以集中为三个基本的主题：①企业组织的焦点从

---

① Tushman，Michael L. and Philip Anderson. Technological discontinuities and dominant design：a cyclical model of technological change［J］. Administrative science quarterly，1990，35：604-644.

② D. J. Teece，Pisano，G. P. The dynamic capabilities of firms：an introduction［J］. Industrial and Corporate Change，1994，18（3）：509-533.

组织内部向组织外部转移；②组织资源向最接近组织边界的方向转移；③组织管理的重点从有形资产向无形的知识资本转移，持续关注组织边界以外的信息，提高组织对外部新知识的吸收和消化能力，从而提高组织在复杂动态环境中的适应能力。

3. 组织的战略适应能力内容能否形成组织的竞争优势，并提高组织绩效，对这个问题学术界仍然存在争论

关注外部环境的变化，持续吸收外部新知识，提高组织适应能力，是很多企业组织应对复杂多变的外部环境的方式。以 IBM 为例，IBM 的发展历史就是一个随技术和市场环境变化不断挑战组织发展战略的过程。自 20 世纪 30 年代以来，IT 行业经历了一个从大型主机到微型电脑、个人电脑，再到信息系统集成的过程。顺应行业内及相关行业技术变革和市场结构的变化，IBM 的战略性业务从最初的计算机生产商逐步调整为计算机软硬件集成、信息系统整体解决方案，在 IT 行业持续的技术和市场变革中实现了企业组织的生存和持续成长。

为实现组织的动态适应能力，在现实的企业管理实践中，许多美国、欧洲的大公司在 20 世纪 90 年代，采取了缩小企业规模、聚焦战略性业务的策略，将大型整合型公司分拆为能够对技术和市场变化作出快速反应的小型运营单位，或者更多地利用国际分工，将非战略性业务进行大规模外包，以降低组织运营成本，减少组织的复杂性，提高企业组织的反应能力。但是，随着组织或业务分拆，大型的多产品企业产生的规模经济和范围经济随之消失，规模经济和范围经济曾经被视为现代企业组织中高效率的来源。这是不是一个“鱼和熊掌不可兼得”的问题？快速适应和组织规模、产品范围能够兼得吗？大型企业组织是否可以适应难以预测的、复杂多变的环境？对这些问题的研究和探索使得以“意识—反应”为组织设计模式的“适应性企业”战略应运而生。这种战略所提供的思路是：面对不可预测的变化，组织运行的唯一思路是具备战略适应能力。在复杂的竞争环境中，快速进入市场、与顾客建立密切关系、重视研发和产品创新、再造生产作业流程、整合营销渠道和能力等，无疑都是非常重要的，但这些做法都是企业组织操作层的目标，应该从属于并整合进入更高层次的组织战略目标，这种战略的目标是及时获取难以预测的变化，并对变化作出及时反应。从这个意义上说，适应性战略是组织面对不确定的动态环境的最根本的组织层次的战略（罗仲伟，2001）。

一些学者从知识管理的角度入手，通过研究企业组织对外部知识的吸收、消化能力，对组织的“适应性”进行了研究，提出了应对外部环境变化的“动态能力”，认为组织的“动态能力”即“在组织外部环境动态性前提下，战略管理对组织的外部技能、资源和适应环境变化的能力进行合理吸收、整合、再配置的能力”(Teece and Pisano，1994)，是组织竞争优势的来源，不仅能够产生竞争优势，而且能够提升组织的战略灵活性、促进创新、提高组织绩效（Zahra and George，2002；Daniel and Wilson，2003；Cohen and Levinthal，1999）。[①②]

但是，近年来，一些学者对组织的动态能力能否产生竞争优势提出了异议。Eisenhardt and Martin（2000）将组织的动态能力定义为“动态配置资源的能力”，是组织在“资源的使用过程，即整合、重构、获取、释放，以应对甚而创造市场变化，是一种战略常规”,[③] 认为这种适应能力并不是组织竞争优势的来源，组织的竞争优势来源于组织的动态适应能力所配置的资源，即资源的动态适应性。Winter（2003）认为学术界对组织“动态适应能力”有过度强调，并对这种趋势提出了警示。[④] 他认为，应对环境变化存在两种方式：分别是常规化的动态战略以及即时的问题解决机制，并提出了“战略适应能力的成本”问题，通过对这两种应对不确定变化的方式在成本、投入方面的比较，认为这种“动态适应能力”并不是组织应对动态环境的必然之选，而且这种适应能力也不必然能够提高组织绩效。

（二）主要问题

上述管理实践和理论研究表明，在难以预测的、动荡的环境中，企业组织的战略适应能力能否为企业带来竞争优势，提高组织绩效，是一个尚存争议的问题。由于研究者研究的角度、所处的背景，甚至研究的方法不同，对“组织战略

---

① Zahra，S. A.，Sapienza，H. J. and Dav idsson，P. Entrepreneurship and dynamic capabilities：a Review，model and research agenda [J]. Journal of Management Studies，2006，43（4）：917- 955.

② Daniel，Wilson. The role of dynamic capabilities in e-business transformation [J]. European Journal of Information System，2003，12（4）：282-296.

③ Eisenhardt K.M. and Martin J.A. Dynamic capabilities：What are they? [J]. Strategic Management Journal，2000（21）：1105-1121.

④ Sidney，G.Winter. Understanding dynamic capabilities [J]. Strategic Management Journal，2003（24）：991-995.

适应能力与组织绩效的关系”这一问题提出了不同的观点。只有回答了这一问题，组织战略适应能力的作用机制、环境变化对这一关系的影响才会具备实践和理论研究的意义。因此，当前的管理实践和理论研究迫切要求对“组织战略适应能力与组织绩效的关系”问题进行进一步的探讨和研究。本书围绕这一主题，从以下几个方面展开研究：

问题 1：组织的战略适应性能否提高组织绩效？

对组织战略适应性能否提高组织绩效这一问题，虽然目前一些学者对这一问题进行了很有启发性的研究，并取得了一些很有价值的研究结论，但这些研究大多基于理论上的分析。Eithenhardt and Martin（2000）也指出学术界对组织动态适应能力这一问题的研究缺乏实证分析。而且现有的实证研究绝大多数基于完全市场经济条件下创新、活跃的环境中的企业行为。Malerba、Orsenigo、Nelson and Winter（2008）专门研究了政策环境，如反垄断、公共征用、对创新的支持、专利保护等公共政策对组织创新、组织边界调整等组织行为的影响，确认了政策因素，以及由此产生的市场结构变化对组织行为的深刻影响。[①] 目前，中国正处于特殊的转型经济环境中，中国的市场环境与其他地区市场环境具有显著不同，从行业管制、市场结构、创新保护、创新激励、资源配置等方面具有明显的特征。虽然这些宏观层面、中观层面的制度因素没有被纳入本书的研究范畴，但是，在中国的市场环境中研究中国企业在战略适应能力方面的问题，必然会受到上述制度层面因素的影响，无疑已经隐含了本研究在市场环境层面的独特性。因此，本书不仅为“组织战略适应性能否提高组织绩效”这一问题的研究提供了实证支持，而且能够在一定程度上丰富对这一问题研究结论的适用性。

问题 2：在技术变革的不同程度和维度下，组织战略适应性与组织绩效的关系是否发生变化？

有别于解决不可预测的环境变化问题的“临时解决机制”，组织的战略适应性是组织动态适应能力在战略上的常规化。因此，动态能力理论对组织的战略适

① F. Malerba，L.，Orsenigo，R.，Nelson and S. Winter. Vertical integration and disintegration of computer firms：a “History-friendly” model of the co-evolution of the computer and semiconductor industry [J]. Industrial and Corporate Change，2008，17（2）：197-231.

应性具有较强的解释力。动态能力理论的基本问题是从“环境的动态特性”和“为应对环境动态性，组织对资源、能力的获取、整合、利用”这两个方面来研究组织战略的（Teece and Pisano，1994），既强调环境动态性对组织战略的影响，又注重组织对变化的环境的动态适应。因此，要研究组织的战略适应性，外部环境变化是一个必须研究的问题。

从20世纪70年代开始，世界经济环境产生了巨大变化，其中，一个最重要的特征，就是环境变化的可预测性大大降低，因此，以“环境可预测性”为理论基础的战略管理模式遭到挑战。在环境变化的方向、程度难以预测的情况下，基于静态环境信息的战略规划理论和方法，无论在战略管理理论研究领域，还是在企业战略管理实践中都遇到了巨大挑战。在这种背景下，战略管理理论开始关注“不可预测的环境变化”条件下的组织的“动态适应能力”，强调“根据环境波动的程度和方向”来制定和实施组织战略，并强调战略对环境变化、组织目标调整的容忍度和适应度。在这种思想的指导下，很多学者针对环境变化对组织战略的影响进行了研究，产生了丰富的理论成果。Lindblomm的“摸着石头过河(muddling through)”理论、沃特斯（J.Waters）的“应急战略（emergency strategy）”理论、钱德勒的“战略适应环境，结构追随战略”理论、明茨伯格的“战略产生于意外，管理的本质是对不确定性的管理”，以及伊丹敬之的“战略的根本在于对环境变化的适应性”的观点，都是对这一理论的经典诠释。安索夫（H.Igor Ansoff，1979）在《战略管理》一书中对环境的动荡性进行了较为深入的研究。他从“动荡的水平”和“变化的特性”两个维度来描述环境变化，并在此基础上研究了组织行为变革的“战略推力”，在“适应性战略”理论的基础上进一步深化了环境变化程度和特性对组织战略的影响。

影响企业行为的外部环境变化有多重因素，如公共政策、市场结构、顾客需求等。但归根结底，这些因素的变化往往是由于行业中或者相关行业的技术变革引起的，是技术变革在不同层面上的反应。因此，本书将“技术变革”作为刻画组织外部环境动态变化的核心变量。自20世纪80年代以来，随着化学、计算机等行业技术变革的加速，学术界对技术变革的研究进入了一个深入的阶段。在Dosi（1982）、Nelson and Winter（1984）、Pavitt（1984）提出的“技术范式

(technological paradigms)"、[①]"技术轨道(technological trajactory)"、"技术模式(technological regimes)"[②]的基础上，Malerba、Orsenigo、Breschi(1993，1997，2000)等学者进一步深化了技术范式研究的深度，将技术范式细化为多种层次和维度，并从行业层面研究了技术范式变革的不同层次和维度对组织行为的影响(Malerba、Orsenigo、Nelson and Winter，2008)。

上述学者研究了外部环境对组织战略的影响、技术范式变革的程度和维度以及技术范式变革对行业结构的影响，从宏观和行业层面研究了技术范式变革产生的影响，但是缺乏从微观角度对"技术变革对企业组织战略和行为"的研究；此外，在现有的"技术变革对企业组织战略和行为的影响"的研究中，缺乏对"技术变革"的深入细化，只将"技术范式"作为一个笼统的外部环境变量进行研究。本书围绕"组织战略适应性与组织绩效的关系"这一核心问题，进一步研究在外部技术环境变化的不同层次和维度，将会对这一基本关系产生怎样的影响，进而尝试回答"组织战略适应能力应如何与不同层次和维度的技术范式变革相匹配"的问题，在一定程度上解决对"战略适应能力的成本"问题(Winter，2003)的质疑。

问题3：组织战略适应性与组织绩效间的关系是如何发生的，即组织战略适应性的作用机制是怎样的？

在适应性战略理论中，"环境的动态变化"与"企业组织的动态适应"是一个问题的两个方面，作为动荡的、不确定的环境中的战略选择，适应性战略是否必然能够提高组织绩效尚存疑义，但既然组织战略管理的目标和核心问题是获得竞争优势，那么战略管理与组织绩效之间的关系存在必然的合理性。

在"组织战略适应能力对组织绩效的作用机制"这个问题上，Eithenhardt and Martin(2000)的研究认为，组织的动态适应能力并不是组织竞争优势的直接来源，组织的竞争优势来自于动态适应能力所配置的资源的灵活性，因此，组

① Givanni Dosi. Technological paradigms and technological trajectories: a suggested interpretion of the determinants and directions of technical change [J]. Research Policy, 1982 (11): 147-162.

② Sidney, G.Winter, Nelson, R. Schumpeterian competition in alternative technological regimes [J]. Journal of Economic Behavior and Organization, 1984 (5): 287-320.

织动态适应能力更应当被视为一种资源的配置工具。Winter（2003）更是认为，过于强调动态适应能力与组织绩效间的关系已经成为动态能力理论中的最主要问题之一。认为组织的动态适应能力只是一种“特定竞争环境中组织特质如何影响组织发展前景这一战略问题的一种辅助”。这些研究倾向于在“组织动态适应能力”与“组织绩效”之间构建一种间接的关系，但对动态适应能力与组织绩效间的作用机制却没有深入的研究。Ron Sanchez（1995）提出，组织的战略灵活性包括资源的灵活性与协调的灵活性，认为组织的适应能力来自于资源配置和使用的适应能力。[①] Eithenhardt and Martin（2000）也强调了资源的灵活使用和配置在组织动态适应能力中的重要作用。因此，本书将组织对外部环境新知识、资源、能力的获取、吸收、转化的能力，即组织的吸收能力，作为组织战略适应性作用于组织绩效的中介，来研究二者之间的作用机制。

二、研究内容

基于对上述问题的思考，本书将围绕图 1-1 所示框架来研究组织战略适应能力与组织绩效之间的关系，以技术范式的变革程度作为调节变量，研究不同程度和维度的技术变革对二者之间关系的影响，并以组织吸收能力作为中介变量，研究组织战略适应能力对组织绩效的作用机制。

（一）研究组织战略适应性与组织绩效之间的关系

根据 Ron Sanchez（1995）对组织战略适应性的经典定义，将组织的战略适应性定义为资源的灵活性与协调的灵活性，结合前辈学者实证研究的基础，选取较为成熟的组织战略适应性以及组织绩效量表，借助 SPSS 统计分析软件，针对组织战略适应性与组织绩效之间的关系进行数量分析，探讨组织战略适应性能否

① Sanchez, R. Strategic flexibility in product competition [J]. Strategic Management Journal, 1995 (16): 135-160.

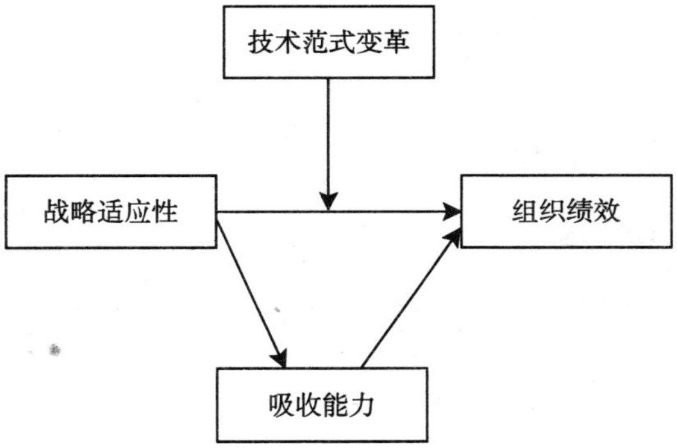

图 1-1 技术变革环境下的组织战略适应性研究框架

提高组织绩效，以及战略适应性的不同维度对组织绩效的影响。

（二）初步构建技术范式变革的测量指标

对于技术范式这一概念，从 20 世纪 70 年代起就有很多学者进行了研究。Dosi（1982）提出了“技术范式（technological paradigms)”、“技术轨道(technological trajactory)”的概念，并认为技术范式是对一系列技术问题的一种“展望”，是对相关问题的界定和一系列解决方案的集合，以及有关问题及解决方案的知识。Nelson and Winter（1984）提出的“技术模式（technological regimes)”概念，从组织的创新行为、搜寻行为、知识来源、知识基础等方面对技术模式进行了界定。Pavitt（1984）从具体的产业和企业层面研究了技术范式，研究了技术范式变革的部门差异性。在这些学者启发性研究的基础上，Malerba、Orsenigo、Breschi（1993，1996，1997，2000）等学者进一步深化了技术范式研究的深度，将技术范式细化为多种层次和维度，提出了技术范式的四维理论，用技术机会、累积性、收益性及知识基础来描述技术范式的本质特征。①② 本书在这四个维度基础上，将技术范式定义为技术普及性、技术可模仿性、技术累积性和技术复杂性。但是，由于以往在技术范式变革的研究中缺乏对技术范式维度的细

① F.Malerba and L. Orsenigo. Technological regimes and firm behavior[J]. Industrial and corporate Change, 1993，2（1）：45–71.

② F.Malerba and L. Orsenigo. Schumpeterian patterns of innovation are technology–specific [J]. Research Policy，1996（25）：451–478.

化和量化，本书将在文献研究的基础上，对技术范式变革的指标体系做出系统界定，借助 SPSS 软件通过因子分析法探索技术范式变革的主因子，运用 AMOS 软件进行验证性因子分析以检验量表的信度和效度，由此形成在企业层面测量技术范式变革的可操作性的量表。

（三）研究组织战略适应性与组织绩效二者关系中技术变革程度的调节作用

很多前辈学者的理论和实证研究都指明了环境变化的难以预测性对组织战略和组织行为的影响。这些学者从宏观和行业层面研究了技术范式变革产生的影响，但是这些研究存在两个方面的缺陷：一方面，缺乏在企业层面对“技术范式变革对企业组织战略和行为的影响”的研究；另一方面，在现有“技术环境变化对企业组织战略和行为的影响”的研究中，则缺乏对“技术范式变革”的深入细化，只将“技术范式”作为一个笼统的外部环境变量进行研究。本书围绕“组织战略适应性与组织绩效的关系”这一核心问题，在中国的市场环境中，将技术范式变革程度作为主要的外部环境因素，研究在外部技术环境持续变革条件下，组织战略适应性与组织绩效的关系，进一步研究在外部技术环境变化的不同层次和维度，将会对这一基本关系产生怎样的影响，进而尝试回答“组织战略适应能力应如何与不同层次和维度的技术变革相匹配”的问题。

（四）研究组织战略适应性的作用机制，即战略适应性与组织绩效的关系中，组织吸收能力的中介作用

虽然组织的战略适应性与组织绩效之间的关系在逻辑上和文献研究中都得到证实，一些学者倾向于组织战略适应性与组织绩效之间存在一种间接的关系(Eithenhardt and Martin，2000；Winter，2003)，但是组织战略适应性的作用机制却缺乏深入的分析和实证研究。本书根据组织动态适应能力的经典研究，将组织对外部知识、资源、能力的获取、整合、转化作为组织的适应性战略对组织绩效发挥作用的中介变量，以此探讨组织战略适应性的作用机制，继而寻找通过培育吸收能力的特定方面，来培育适度的战略适应性，进而提高组织绩效的策略和途径。

三、研究方法

作为“为实现共同的组织目标而进行管理人事活动的知识体系”，管理学研究的对象和内容十分广泛。罗仲伟认为，管理学的知识来源包括三种：各类学科提供的学理性知识、从历史和现实管理实践中获得的经验性知识、由一系列人为构建的规则所构成的制度性知识。相应地，管理学理论形成的过程，可以分解为知识积累过程、行为归纳过程和经验检验过程三个阶段。①

作为管理学知识的重要来源，实证研究也是管理学研究的重要方法，Snow and Thomas（1994）总结了管理学研究中实证研究的主要方法，如表 1-1 所示。

表 1-1 管理学研究方法

高度现实而自由的	实地研究	直接参与和观察
		访谈
		问卷
		文件资料分析（档案、历史）
	计算机数据库	有其他人员收集数据
	经验仿真	构建逼真场景，运行并观察其行为模式
高度认为而固定的	实验室检验	在严格条件下，检验组织流程
	计算机仿真	利用数学模型

资料来源：Snow C.C. and J.B.Thomas.战略管理中的实证研究方法：用于理论构建和理论检验［J］. 管理研究周刊，1994（7）：457-480.

本书采用文献归纳与实证研究相结合、定量研究与定性研究相结合的研究方法进行研究。理论研究主要是通过对国外相关领域文献的归纳和分析，总结了“技术变革环境下的组织战略适应性”这一研究领域的主要研究成果、发展趋势和研究中存在的争议与不足，提出技术范式变革背景下组织战略适应性的整体研究框架和假设。

---

① 罗仲伟. 管理学方法与经济学方法的借鉴、融合［J］. 中国工业经济，2005，23：127-131.

规范的实证研究可以保证测量工具、研究方法以及研究结果方面的有效性和可靠性。在理论研究基础上，本书采用了实证研究的方法，选取了北京、大连、山东等地 IT 行业的部分企业作为研究样本，通过结构化的问卷调查获取一手数据，并运用 SPSS 等统计软件对数据进行统计分析，对提出的理论框架和基本假设进行检验，得出初步研究结果。

案例研究属于实证研究中的定性研究方法，是通过对案例的观察、整理、分析找到一些未被发现的新变量或关系。案例实证研究在发现新理论、丰富现有理论等方面具有重要意义，这一点在很多学者的研究中已经得以证实（Eisenharde and Graebner，2007；Siggelknow，2007）。本研究在初步的研究结论的基础上，选取一个企业组织作为案例进行研究，进一步验证初步研究的结果，并对结果进行进一步的修正。本书选择了 IT 行业作为研究对象，是由于该行业在可供研究的时间跨度内，经历了广泛、快速而且深刻的技术范式变革，身处该行业内的企业组织，在组织战略的各个方面，都经历了可供研究的演变过程。本书选取了 IBM 公司作为研究样本，通过对这家公司在某特定时间段的深入观察和分析，对所提出的理论模型和统计分析结果进行验证，并从理论上进行提炼，将分析结果与管理实践相结合，探索研究结论的理论与实践意义。以下是本书采用的具体的研究方法：

（一）量表设计与开发

本书为确保量表的可靠性和有效性，在量表采用上尽可能地使用本研究领域内已经使用过的量表。根据本研究使用的方法和研究目标，将量表进行整合、发展，形成在本研究中具有适用和可操作性的量表。

在使用的量表中，战略适应性、组织绩效、吸收能力量表是通过对已有文献中已经使用的成熟量表加以整合形成的，属于较为成熟的量表。其中，战略适应性量表使用了 Sanchez（1995）、Wang and Ahmed（2007）、Gibson and Brikinshow（2004），以及 Zhou and Wu（2010）的研究中使用的战略适应性/战略灵活性量表[①②]；吸收能力量表则是对 Cohen and levinthal（1990）、Zahra and George（2002）、Tsai（2001）、Chen（2004）的研究中的量表加以整合形成的[③④]；组织绩效量表则采用了 Wang and Satow（1994）的量表，并进行了修订。鉴于所使用的量表基本来自于英文文献，本书请一位企业管理专业在读研究生和一位英国企业工作人员对测量指标进行了英汉互译，以尽量减少测量指标在翻译过程中在含义上出现偏差。量表初步形成以后，本研究对量表进行了信度和效度方面的测试，通过因子分析等方法，检验了量表的科学性、可靠性和适用性。

由于现有文献中缺乏技术范式的成熟量表，本书对技术范式量表进行了开发。根据 Winter（1984），Malerba and Orsenigo（1993），Cohen and Levinthal（1990），Teece（1986），Klevorick、Levin、Nelson and Winter（1996）等学者对技术范式的定义，界定了技术范式在本书中的内涵边界；并在 Teece（1986）、Cohen and Levinthal（1990）、Wang and Ahmed（2007）等学者对技术范式的理论和实证研究基础上，对技术可收益性、技术机会、知识基础等技术范式的组成因素进行了深入的研究，开发了技术范式量表，并在北京某大学管理与经济学院 2010 级 MBA 学员中进行了预测试，预测试结果进行初步分析后，对量表进行了调整和修订，对初步量表进行了探索性因子分析和验证性因子分析，运用规范的统计分析方法对量表的信度和效度进行了检验。

（二）样本来源和数据收集

量表的预测试是在北京某大学管理与经济学院 2010 级 MBA 学员中进行的。问卷主要通过 E-mail 方式定向发放。量表预测试后，根据测试结果，对量表进行了调整。正式问卷分三部分：第一部分是在山东省某地级市商务局辖下的 IT

---

① Gibson, C.B., Brikinshow J. The antecedences, consequences, and mediating role of organizational Ambidexterity [J]. Academy of Management Journal, 2004, 47 (2): 209-226.

② K.Z.Zhou and F.Wu. Technological capability, strategic flexibility and product innovation [J]. Strategic Management Journal, 2010 (31): 547-56.

③ Zahra, S. and George, G. Absorptive capability: a review, reconceptualization and extension [J]. Academy of Management Review, 2002, 27 (2): 185-203.

④ Tsai. Knowledge Transfer in Intraorganizational Networks [J]. Academy of Management Journal, 2001, 44: 996-1004.

企业的中高层管理人员中发放了问卷，主要通过会议现场集中填写以及 E-mail 的方式发放问卷；第二部分是在大连市高新技术产业园部分企业中通过 E-mail 的方式发放问卷；第三部分是在北京市某咨询公司通过 E-mail 方式发放问卷。部分有明显问题的问卷被筛选后，通过面谈或 E-mail 方式进行回访，修正部分问卷。问卷回收后对所回收的全部问卷进行初步筛选，将部分存在严重逻辑问题的问卷剔出后，在中国某大学商学院 2010 级 MBA 学员中通过集中发放、分散回收的方式对问卷进行了补充。

（三）统计方法

所有数据采用 SPSS 16.0 软件进行统计分析，包括因子分析、信度、效度分析、相关性分析、回归分析、调节作用的层级回归分析以及中介作用分析等。

四、本书的创新点

本书将在相关领域现有文献分析、研究、综合的基础上，运用战略管理理论、组织演化理论等相关理论知识，围绕组织在技术范式变革环境下组织的战略适应能力能否为组织带来竞争优势、提高组织绩效这一核心问题，在战略适应能力对组织绩效的作用机制、技术环境变化对战略适应能力、组织绩效的影响方面展开进一步的研究，尝试初步构建“技术范式变革环境下组织战略适应性”这一领域的较为完整的研究框架，并尝试在中国的市场和制度环境中验证这一模型的适用程度。本书可能会在以下几个方面产生创新：

（一）将技术范式变革作为动态的、未知的背景因素来研究战略适应性对组织绩效的影响的调节因素

在现有的技术变革视角下对组织适应能力的研究中，往往把技术变革作为已知的、静态的因素，只假定技术范式变革这一背景，但对变革发生的时点、影响

因素和变革程度不做研究。本书将技术范式变革作为动态的、未知的背景因素来研究适应能力对组织绩效的作用的调节。用 Malerba、Orsenigo、Breschi（1993，1996，1999 等）技术范式的四维理论，即技术机会、累积性、收益性及知识基础来描述技术范式的本质特征。①② 本书在 Malerba、Orsenigo、Breschi（1993，1996，1999）研究的基础上，将技术范式影响因素的思维理论进行了分析、整合，用技术范式三个维度的变化来描述技术范式变革的程度，细化了组织面临的技术环境的变化。

（二）初步开发技术范式变革量表

技术范式及技术变革并不是一个全新的概念，前辈学者在这个领域有大量的研究。但是目前对技术范式的研究往往把技术范式变革作为静态的背景因素，而且侧重于产业层面的研究，在企业组织层面对技术范式变革的测量往往集中在技术范式的某一个或两个方面。本书将在文献研究的基础上，初步开发技术范式变革的指标体系，按照规范的研究方法对初步量表进行测试，并通过较大样本的问卷调查，检测其在现实的企业环境中的适用性，形成在企业层面测量技术范式变革的可操作性的量表。

（三）验证中国情境下技术变革环境中组织战略适应性对组织绩效的作用机制

国外学者对技术范式变革背景下组织的适应能力做了大量的研究，并取得了一些很有价值的研究结论，但这些研究大多基于理论上的分析，而且绝大多数基于完全市场经济条件下创新活跃的环境中的企业行为。目前，国内学者对这个领域的研究主要集中在组织动态适应能力的组成因素、形成机理以及动态适应能力与组织绩效的关系方面，对技术范式的调节作用研究不多，主要集中在对国外文

---

① F. Malerba and L. Orsenigo. Schumpeterian patterns of innovation are technology-specific［J］. Research Policy.

② F.Malerba and L. Orsenigo. Technological entry. Exist，and survival：an empirical analysis of Patent data［J］. Research Policy，1999（28）：643-660.

献的推介、评述方面，缺乏实证研究。中国的市场环境在资源配置方式、行业管制、市场结构、创新保护、创新激励等方面具有明显的特征，虽然这些宏观、中观层面的制度因素没有被纳入本书的研究范畴，但是，在中国的市场环境中研究中国企业在战略适应能力方面的问题，必定会受到上述制度层面因素的影响，无疑已经隐含了本研究在市场环境层面的独特性。本书将在中国情境下研究技术范式变革对组织适应能力与组织绩效关系的调节作用，以丰富该理论并检验前人研究成果的适用性。

第二章 文献综述

本章主要围绕“技术范式变革背景下组织的战略适应性”这一命题，针对前文提出的理论框架，对本研究所涉及的理论领域，如环境动态性、技术范式、组织战略适应性、组织吸收能力、竞争优势与组织绩效等方面的文献进行了归纳、分析、综合，为下一步构建本研究的基本理论框架、提出研究的基本假设奠定理论基础。

一、动态环境中组织的适应性理论

任何企业都是特定环境中的企业，任何企业组织的战略都是在对环境分析的基础上与环境匹配的战略（黄速建、黄群惠，2007）。企业要获得生存和发展，必须持续与外部环境进行物质和信息的交换。企业组织与外部环境的关系，尤其是企业组织对外部环境的应对和适应，是战略管理理论的核心问题。对这个问题的研究和探索的过程就是战略管理理论的发展过程。

目前，战略管理理论在组织与环境的关系问题的研究中，主要有四种观点：强调外部环境对企业组织决定性影响的“环境决定论”、强调企业组织对外部环境能动适应的“能动适应论”、强调企业主动改变环境的“改造论”以及强调企业资源和能力的“战略选择论”。决定论者从种群生态学的观点出发，认为与生物个体变异—选择—保留的进化模式一样，企业组织的演化过程同样遵循这种进化模式。企业组织要获得生存和发展，必须同生物体一样，对外部环境主动开放，将能否适应外部环境的变化作为企业生存和发展的决定因素。适应论则认为，企业组织应当持续观测外部环境的变化，适时调整组织内部的资源、结构、目标，强调组织对外部环境的开放以及对环境变化的能动的适应。改造论认为，企业组织与外部环境的关系不应只是被动接受或者适应，而是主动改变外部环境，在外部环境变革常态化、企业资源和能力配置方式多样化、组织边界日益模糊化的产业环境中，企业有能力改变产业规则，创造未来产业，为企业组织的生存发展创造更大空间（Prahalad and Hamel，1990）①。战略选择理论认为，组织的战略决策并不是一个“环境决定企业”或者“企业适应/改变环境”的单向过程，企业的战略制定和执行同时受自身资源和能力状况、环境变化状况以及企业资源和能力与环境变化的匹配度等众多因素的影响。其中，在环境变化的情况下，组织能否及时获取并适当配置与变化的环境相适应的资源和能力，是组织能否生存和发展的关键性的决定因素。因此，是否能够及时获得与外部环境变化相匹配的资源，是组织生存的先决条件，战略选择理论本质是属于竞争战略理论的范畴，强调了企业组织之间在有限的资源和能力上的竞争。

综合以上几种理论的主要观点，企业组织与其外部环境之间的关系是复杂的、动态发展的，既存在相互适应，也存在相互竞争。在环境动态变化、难以预测的前提下，组织应当保持对环境系统的、持续的、动态的、主动的适应，本书将企业组织外部环境变化的这种关系称为组织对环境变化的“战略性适应”。

（一）动态环境中组织面临的不确定性

对组织战略管理的研究与对组织所处的外部环境的分析是分不开的，所谓组织战略，本质上就是组织对环境的应对方式，战略管理的一个重要任务是“对动荡环境的管理”，为管理动荡环境设计战略管理工具（安索夫，1971）。从 20 世纪 70 年代起，西方经济的发展进入后工业化阶段，竞争环境的主要特点从“相对静态”转向“动荡”竞争，理论界对组织竞争环境的静态分析已经不适应“动

① Prahalad，C.K.，Hamel，G. The core competencies of the corporation [J]. Harvard Business Review，1990，68 (3)：79-90.

荡”环境中的竞争。现实经济环境的重大变化引起了学术界对外部环境动荡性这一问题的关注。

作为“动荡环境中的管理”领域的先驱者之一，安索夫提出了战略管理的权变方法（a contigency approach to strategic management），设计了环境动荡模型。根据这个模型，安索夫将环境动荡性划分成五个等级分类，用不同的等级来刻画环境变化的不同程度。第一等级的动荡是稳定的、可预测的，这类环境变化的重复性、可预测性都较高，是动荡性较低的环境；第二等级是缓慢的、渐变的变化；第三等级变动加快，但变化仍然是渐变的，因此，变化仍然具有一定程度的可预测性；第四等级的变化中不仅含有连续的变化，也包括不连续的变化，这种连续性和不连续性交织的环境增加了预测变化的难度；第五等级是不连续、不可预测的变化，即“突变”。对环境动荡性的刻画和分级以及对组织外部环境的管理具有重要意义。针对不同等级的环境动荡问题，安索夫从战略、组织、生产和市场营销等不同层面分析了环境动荡对组织行为的影响以及组织在不同等级的动荡的战略需求，阐述了不同等级环境动荡条件下的战略选择问题。安索夫特别提出，在环境突变情况下，组织的战略重点就不是通过保持组织战略、结构、目标的稳定性和一致性带来的管理上的效率，而是通过构建组织在结构、目标和资源方面的应变能力来促进组织的变革，提高对突变环境的适应能力。安索夫“动荡环境下的战略选择”理论的核心是“针对难以预测的环境变化，打造柔性的应对机制”，针对环境动荡程度的区别，组织所选择的战略目标、战略资源和战略过程也不同。① 安索夫的研究者胡塞尔（1999）指出，安索夫战略管理理论的主要关注点是具有强烈发展冲动的经理人、组织氛围和管理能力的组合。②

对组织外部环境的理解，除了对“环境动荡性”的理解外，组织的外部环境的组成因素，尤其是影响组织的核心因素的理解，也是非常重要的。组织的外部环境由多种因素组成，组织面临的外部不确定性的来源与组织环境的组成因素息息相关。Katz and Kahn（1966）将组织面临的不确定性区分为经济市场和劳动力

① 杨品文. 安索夫模型与动荡管理［J］. 管理与财富，2007，7：54-58 .

② 安索夫. 战略管理［M］. 邵冲译. 北京：机械工业出版社，2010.

输出、信息和技术、自然资源和物质分布、政治和法律规范以及社会价值。Duncan（1972）认为组织的不确定性变化来源于两个方面：外部不确定性和内部不确定性。其中，外部不确定性来源于顾客、竞争者、供应商等利益相关者以及技术、社会政治层面的因素，而内部不确定性则来源于员工、职能部门等组织因素。[①] Miles and Snow（1978）提出，顾客、竞争者、供应商等利益相关者、资本市场、政府规制等因素构成了组织不确定性的来源。Daft et al.（1988）认为组织面临的不确定性来源于顾客、竞争者、供应商、技术、政府规制以及社会文化。[②] Priem（2002）等认为，产业竞争、人力资源、生产成本、国际竞争优势、政府规制、社会变革是组织不确定性的主要来源。[③] 综合上述学者们的观点，组织外部不确定性主要来源于顾客、竞争者、供应商等利益相关者、技术范式（资本市场、产业竞争、人力资源、生产成本、国际竞争优势都可以归结为技术因素）、政府规制三个主要方面，在充分的自由市场环境下，顾客、竞争者、供应商等产业链因素和政府规制的不确定性在很大程度上也受技术范式变革的影响。

环境的变化性、可预测性、复杂性和重要性是研究者们衡量组织环境的不确定性程度的主要指标（Daft，1988；Wholey and Brittain，1989）。不确定性对组织行为、结构与过程的影响是全方位的。现有的关于“不确定性对组织行为影响”的文献，大致可以分为两类：一类是环境不确定性对组织现有知识的冲击以及组织获取新知识的方式和效果，另一类是环境不确定性对组织资源和能力重新配置（restructuring）的影响。对外部知识的检测、获取关系到组织战略的制定和实施，而组织资源能力的重新配置决定了组织应对外部环境变化的方式和效果（Boyd and Fulk，1996；Bahman，2000）。因此，对“外部环境不确定性的管理”这一问题的研究，必然走向组织对外部新知识的管理、新知识向组织内部的转移、在知识消化和转移基础上进行的组织资源和能力的重构以及动态适应性的培育。

---

① Duncan，R.B. Characteristics of organizational environments and perceived environmental uncertainty[J]. Administrative Science Quarterly，1972，17：313-327.

② Daft，R.L.，Sormunen，J.，Parks，D. Chief executive scanning，environmental characteristics，and company performance：an empirical study [J]. Strategic Management Journal，1988，9：123-139.

③ Priem，R.L.，Love，L.G.，Shaffer，M.A. Executives' perceptions of uncertainty sources：a numerical taxonomy and underlying dimensions[J]. Journal of Management，2002，28（6）：725-746.

（二）组织对环境动态变化的“系统”适应

环境变化可预测性的降低使得以“环境可预测性”为理论基础的战略管理模式遭到挑战。在环境变化的方向、程度难以预测的情况下，基于静态环境信息的战略规划理论和方法无论在战略管理理论研究领域，还是在企业战略管理实践中都遇到了巨大挑战。在这种背景下，战略管理理论开始关注“不可预测的环境变化”条件下的组织的“动态适应能力”，强调“根据环境波动的程度和方向”来制定和实施组织战略，并强调战略对环境变化、组织目标调整的容忍度和适应度。在动态变化的环境中，在巨大的不确定性面前，如何适应变化、及时创新、获得生存和发展，是动态环境中企业管理的核心问题。在“环境变化对组织战略的影响”这个问题上，产生了大量的研究成果。奎因（J. B. Quinn）将战略的制定和实施看作一个“试错”的过程，战略是在不断“试错”过程中逐步的“逻辑改良”。由于管理者的“有限理性”，在外部环境剧烈、不连续、非线性变化的情况下，管理者只有有意识地、系统地、持续地获取外部环境的新知识，根据环境的变化适时调整组织的战略行为和战略目标，通过“逻辑改良（logic incrementalism）”来实现组织行为、目标、资源与外部环境的动态匹配。奎因的“逻辑改良”理论隐含这样一个观点，即成功的组织战略往往不是基于“完全理性”的理性规划的产物，而是一个有限理性基础上不断试错，与外部环境变化动态匹配的、连续的、不间断的过程。由于环境变化中的难以预测和不确定性，组织通过理性规划的战略不适应环境的变化，而有效的组织战略必须要具备适应环境变化的能力。明茨伯格（H. Mintzberg）、沃特斯（J. Waters）、钱德勒（A. D. Chandler）等学者也强调战略对环境变化的适应性，认为战略应当具备在外部环境发生不可预知的变化时的“应急”能力。不同于一些学者提出的将战略作为一种对环境变化的“应急措施”的观点，一些学者提出了在变化的环境中“系统学习”、“系统思考”、“系统变革”的理论。彼得·圣吉（P. Senge）提出了“学习型组织”理论，认为具备“应急”能力的企业组织应当是一种“自组织”、“自适应”的组织，在不断发生难以预测的不确定变化的环境中，组织必须不断学习外部新知识，并通过知识管理，对新知识进行消化和转移，不断更新组织内部有关环境的信息和知识以适应外部环境的变化。组织学习应当是一种创造性的学习，并进行组织内部的系统思考、系统变革，才能对组织赖以生存且不断变化的环境做出有效的反应，不断提高组织的适应与变革能力。彼得·德鲁克（1987）在对环境不确定性对企业组织的影响的研究中，认为在动荡环境中组织面临的最大挑战是那些能够改变整个产业和市场结构的非连续的“独特事件”，这些事件恰恰是无法预测的，而且发生的频率越来越高，对产业环境、企业组织带来的冲击越来越大。在这种条件下，企业组织要获得生存和发展，就必须通过对自身资源、能力的调整，使自己适应这种长期的不确定的状态。德鲁克的阐述隐含了组织对外部环境变化“系统适应”的观点，在环境中难以预测的变化成为常态的情况下，应对“独特事件”的“应急解决方案”缺乏主动性和有效性，难以有效应对常态化的环境变化。因此，培养组织长期的、系统的适应能力就成为必要。

在组织如何才能培育应对常态化的、不可预测的变化的系统适应能力方面，Haeckel（1999）提出了“适应性企业”理论。适应性企业理论的核心在于，组织对外部环境变化的适时的、系统的反应——“意识—反应（Sense-and-Respond）”是适应性企业的设计模式，而“系统”是“意识—反应”模式的最重要特征。在不可预测的环境变化下，组织战略和行为应当跟随技术、市场的变化，甚至潜在的变化，而不是企业组织正在进行的制造和销售行为。这就意味着组织在资源、能力的使用、分配上需要具备系统的适应能力，在整个组织层面，甚至跨越组织边界形成对环境变化的系统反应。因此，对环境变化的“系统反应”强调这样一些基本问题：首先，设计组织的适应环，组织高层管理者传达对“系统适应性”的支持；其次，将资产和能力组成可以动态配置的模块系统；最后，在整个组织范围内，建立以承诺为中心的，同时传播组织战略目标、组织边界、基本结构的治理系统，以代替原有的指挥和控制系统。这样，一个“意识—反应”组织就形成了一种资产和能力的集合，而这种资产和能力的集合是作为一种有目的适应系统进行管理的，这就形成了一种系统管理组合的能力，对外部环境的不确定变化的应对，形成了一种战略性的适应。

（三）战略适应性的内涵

“适应性（adaptivity）”和“柔性（flexibility）”是理论界在研究组织在动态环境中应对环境变化的战略行为时常用的词汇。战略柔性的核心思想是企业为更有效地实现企业目标，在复杂的与动态的环境下，主动适应变化、利用变化和引导变化以培养自己持续的竞争优势的一种长期的行动规划及相应方案。Ansoff（1965）最早提出了“战略柔性”的概念，认为战略柔性是针对突变管理最有效的解决办法，是企业对来自动态的竞争环境的各种需求的反应能力，是企业应对不确定性的基本途径。组织可以通过培育战略柔性来应对外部环境变化的不确定性，通过战略柔性对不确定的、快速变化的环境作出反应。罗荣桂等学者总结了国外现有文献中对组织“战略柔性”含义的界定。[①] Ansoff 把组织的战略柔性区分为外部柔性（external flexibility）和内部柔性（internal flexibility）两个方面，其中外部柔性指的是组织为实现产品—市场范围对外部需求的适应能力，在投资方式上的多样化；而内部柔性是指企业组织为实现资源的灵活性采取的手段。荷兰战略研究学者 Volberda（1998）在安索夫柔性战略理论基础上，进一步研究了如何建立具备战略柔性的组织问题，他认为，内部柔性是指组织对外部环境变化的适应能力，而外部柔性是指组织如何改变其所处的环境，从而减少其生存威胁的能力。

Hill et al. 将战略柔性定义为组织对外部环境变化进行准确预测、及时行动的能力，是创造或保持竞争优势的源泉。他们认为企业在持续的、非线性的竞争范式下，组织要获得生存和成长，最重要的属性就是战略柔性。Harrigan（1985）则认为战略柔性是组织在变化的环境中不断进行市场再定位、改变组织现有运作程序、重组现有战略的能力，认为具备战略柔性的企业能够更好地应对环境的不确定性，进而得到高额回报。Evans（1991）将“战略柔性”定义为“组织在管理上的灵活性”，认为战略柔性是动态环境中组织对“变革”的管理，在创新频繁、技术变革频率较高的高技术领域尤其需要组织培育在应对环境、使用内部资

① 罗荣桂，吴兵，杨世宏.基于权变战略观的企业战略柔性研究［J］.武汉理工大学学报，2006，28（2）：59-74.

源等方面的柔性。Aaker and Mascarenhas（1984）将战略柔性定义为组织适应现实环境中快速的、难以预测的变化的能力，这些变化对组织绩效有重大影响。[①]根据 Das（1996）的观点，战略柔性是组织为获取、保持市场竞争优势，及时、准确地适应环境中的变化的能力。[②] Sanchez（1993，1995）将战略柔性看作是企业适应因动态竞争环境而引起的各种需求的能力，将战略柔性定义为"对不确定性的管理"，并将组织的战略柔性界定为"资源"和"协调"上的灵活性。Wang and Ahmed（2007）在对动态能力的研究中，将"适应能力"作为组织动态能力的一个重要因素，将其定义为"（对环境）的有效搜寻，发现潜在的市场机会、投入资本、实现在'开发'和'利用'两种不同战略中的平衡，表现为战略柔性"，更是将"柔性"和"适应性"的内涵作了统一。斯蒂格勒从企业成长曲线的角度来研究柔性，把柔性界定为"能够支撑较大的产出变动的生产技术"，他认为柔性指的是企业系统快速、经济地适应外部变化的或新的情况的能力，强调的是组织的适应性。企业具有了柔性战略的思想，才能在非线性的、复杂的与混沌的环境中，增强战略的预见能力与应变能力，从而建立持续的竞争优势。

通过学者们对"柔性"和"适应性"的研究可以发现，无论"柔性"、"适应性"或"灵活性"，都包含两个方面的基本特征，即"环境的不确定和动态性"以及"企业组织在动态环境中对资源、能力的获取、重构，以应对环境的变化"，因此，二者在本质上含义是一致的。但也有一些学者认为"战略柔性"和"战略适应性"在一些重要方面存在区别，例如，王迎军、王永贵（2000）[③]区别了适应性、再适应性、可改正性、柔性等概念，认为适应性是描述"组织应对动态变化环境的能力和特点"的最常使用的概念，且与柔性意义相近，但二者之间的主要区别在于，战略适应性指"对变化的环境所进行的一次性或永久性的调整"，而柔性则与动态环境相适应，指"连续的临时调整"，是组织为了达到控制自己

① Aaker D. A., Mascarenhas B. The need for strategic flexibility [J]. Journal of Business Strategy, 1984, 5 (2): 74-82.

② Das T. K. Managing strategic flexibility: Key to effective performance [J]. Journal of General Management, 1995, 20 (3): 60-75.

③ 王迎军，王永贵. 动态环境下营造组织竞争优势的关键维度 [J]. 外国经济与管理，2000，22 (7): 2-5.

命运的目标而与内部和外部环境互动，进而持续地塑造环境或进行调整并作出快速反应的能力。本研究中将这种“企业组织在动态环境中对资源、能力的获取、重构，以应对环境的变化”的战略能力称为组织的“战略适应性”。

在组织战略适应性的内涵界定方面，学者们从不同的角度进行了研究。Harrigan（1985）从资源配置方式的角度来界定了战略适应性，认为组织的战略适应性体现为组织对市场需求变化的灵活应对，体现为纵向整合性公司的适应力以及联盟型公司的适应能力。Sanchez（1993）强调了“战略适应性”与“环境不确定性”的关系，通过对行业中产品竞争，以及组织内部在设计、生产、营销等产品商业化过程的研究，将组织的战略适应性界定为“组织满足动态环境中各种需求的能力”，并将其区分为“资源的灵活性”和“协调的灵活性”两个方面，其中，资源的灵活性指的是资源的多样化应用在时间和成本上的灵活性，体现在生产资源、研发资源、营销、分销资源以及技术资源各个环节；而协调的灵活性则是指与新技术匹配的管理上的创新，如模块化的管理，以及 CADD、CIM、EDI 等管理信息技术在组织中的应用。王永贵、侯玉莲、王迎军、张玉利（2000，2003）等学者将组织的战略适应性区分为“内部柔性”和“外部柔性”，认为战略适应性体现为组织内部结构的可调整性（内部柔性）、应对组织外部环境变化的能力、增强组织竞争优势的能力（外部柔性），在组织职能层面体现为竞争柔性、产能柔性、多元化柔性以及供应链方面的柔性；组织的战略适应性体现在组成战略的各个组成部分之间的协调，包括组织结构、资源、文化、组织流程、技术等各个方面，并将组织的战略适应能力从组织职能角度进行了研究，认为战略上的适应能力体现在产品、数量、时间、分销、响应等方面，是组织在动态环境下对环境变化的主动适应，通过组织与外部环境持续的交流、互动，达到及时调整组织资源和能力以适应环境，甚至改变环境，为获取竞争优势而创造变化的能力，强调了组织在战略上的主动性。[①②③]

---

① 王迎军，王永贵. 动态环境下营造组织竞争优势的关键维度［J］. 外国经济与管理，2000，22（7）：2–5.

② 王永贵，张玉利. 对组织学习、核心竞争能力、战略柔性与企业竞争绩效的理论剖析与实证研究［J］. 南开管理评论，2003（4）：56–60.

③ 王永贵等. 战略柔性与企业高成长［M］. 天津：南开大学出版社，2003.

从上述学者们对组织战略适应性的定义和内涵界定可以看出：首先，在行业内或相关行业技术、市场环境变化的环境中，企业组织为获得生存和发展，需要培育战略上的适应能力以应对环境变化，获取、保持竞争优势；其次，战略适应能力是一种企业组织可以有意识地培养的重要的能力，尽管“战略柔性”、“战略适应性”在不同学者的研究中有不同的定义，但都隐含着企业主动地、有目的地去适应外部环境的能力；最后，以上学者的研究都支持这样一种观点，组织在战略上的适应能力能够为组织带来竞争优势和组织绩效方面的提升。

在如何培育或提高组织战略适应性的问题上，Ansoff（1975）认为战略适应性来源于组织内部结构的流动性和外部知识的多样性。Aaker and Mascarenhas（1984）提出提升战略适应性的三种途径，即多样化（包括知识的多元化、资源和能力的多样化等）、对未来机会进行的投资以及专业化配置的减少。而 Sanchez（1993，1995）将组织的战略适应性区分为“资源的灵活性”和“协调的灵活性”，这两个方面的灵活性可以通过不同的方式获取，例如，及时识别和获得可以给企业带来更多的战略选择权的资源，实现资源的多样化，并进行灵活的使用和配置，可以使组织实现资源上的灵活性，而通过组织内部结构、流程的改造，达到对组织内外部资源的协同使用，来实现组织在协调上的灵活性。Das（1995，1996）认为战略适应性的增强包括内部途径和外部途径，内部途径包括模块化生产、员工知识结构多元化、组织结构等，外部途径包括与供应商、顾客的关系，在供应链上的灵活性、战略联盟跨国采购等。还有一种观点将组织战略适应性与组织在动荡环境中的动态能力联系在一起。Wang and Ahmed（2007）在对组织动态能力的整合研究框架中，提出将组织的动态能力区分为三种能力：适应能力、吸收能力以及创新能力。组织的适应能力首先是通过有效的搜索，发现新兴的市场机会并对其做出投资承诺，之后通过资源使用和协调上的灵活性来平衡“利用 exploitation”和“开发 exploration”两种战略。Rindova and Kotha（2001）的研究将组织结构的柔性、组织功能与组织动态能力结合起来，认为动态能力体现在组织资源以及资源使用的灵活性、组织形式以及组织的战略需求的持续变迁，组织适应能力的发展往往伴随组织形式的演化。[①]

二、作为环境因素的技术范式理论

在技术变革加速的时代，一些企业尽管拥有强大的研发实力和主流市场的领导者地位，由于对技术发展趋势的错误判断，一再错失重要的发展机遇。准确把握技术变革的方向，抓住技术变革带来的市场机遇，在技术变革加速的时代，对每个企业组织来说，都是关系到组织生存和发展的巨大命题。管理实践中产生了大量由于技术环境变化引发组织兴亡存续的案例，这些案例引起了一些学者对战略有用性甚至现代主流管理理论是否过时的思考。这些观点固然有些极端，但技术范式变革引发的组织外部环境的改变以及对组织战略的挑战，确实值得我们思考：如何把握产业内及相关产业的技术变革趋势？ 行业内及相关产业的技术变革对组织竞争环境的影响如何？在现有技术范式仍然可以获取利润的前提下，是否进入新市场？进入新市场的时机如何把握？组织的资源、能力、资产组织方式以及组织惯例等组织因素如何与行业技术范式和外部市场竞争相匹配？[②]

对组织战略的研究离不开对组织所处的外部环境的分析，环境分析是组织战略研究的基础。组织所处的外部环境是由多种因素组成的。Robins and Coulter (1973) 将组织的外部环境区分为一般环境和具体环境，一般环境包括“可能影响组织的广泛的经济条件、政治法律条件、社会文化条件、人口条件、技术条件”等，而具体环境则包括“对管理者的决策行动直接产生影响并与实现组织目标直接相关的要素”，包括顾客、供应商、竞争者以及公众压力集团等。Katz and Kahn (1966) 将组织面临的不确定性区分为经济市场和劳动力输出、信息和技

---

① Rindova, Kotha. Continuous morphing: competing through dynamic capabilities, form, and function [J]. Academy of Management Journal, 2001, 44: 1263-1280.

② 卢彬彬，罗仲伟. 技术变革引致的企业战略演进：以 IBM 为例[J]. 战略管理，2011，3 (1)：61-76.

术、自然资源和物质分布、政治和法律规范以及社会价值。Duncan（1972）认为组织的不确定性变化来源于两个方面：外部不确定性和内部不确定性，其中，外部不确定性来源于顾客、竞争者、供应商等利益相关者，以及技术、社会政治层面的因素，而内部不确定性则来源于员工、职能部门等组织因素。Miles and Snow（1978）提出，顾客、竞争者、供应商等利益相关者、资本市场、政府规制等因素构成了组织不确定性的来源。Daft et al.（1988）认为组织面临的不确定性来源于顾客、竞争者、供应商、技术、政府规制以及社会文化。Priem et al.（2002）认为，产业竞争、人力资源、生产成本、国际竞争优势、政府规制、社会变革是组织不确定性的主要来源。Clark（1985）、Milliken（1987）的研究将环境动荡性区分为技术动荡性和市场动荡性（包括竞争强度），将技术动荡性定义为对技术环境的一种感知，指人们无法准确预测或完全理解技术环境的某个方面。市场动荡性指顾客构成及其偏好以及竞争强度的变化。综合上述学者们的观点，组织外部不确定性主要来源于顾客、竞争者、供应商等利益相关者、技术范式（资本市场、产业竞争、人力资源、生产成本、国际竞争优势都可以归结为技术因素）、政府规制三个主要方面，在充分的自由市场环境下，顾客、竞争者、供应商等产业链因素和政府规制的不确定性在很大程度上也受技术范式变革的影响。因此，一些学者在研究中提出，将技术范式作为组织环境动态分析的核心变量（中国社会科学院工业经济研究所学科前沿报告，2010）。

（一）技术范式理论研究的发展历程

组织在技术变革中面临的问题和困境引发了学术界对技术变革研究的持续的热情。20 世纪 70 年代以来，对技术变革的研究大致经历了四个阶段：20 世纪 70 年代，研究主要集中于对技术变革特点以及规律的认识方面。Schumpeter、R. A. Nelson、S.G.Winter、R. Foster、K.B. Clark、J.Teece 等学者在这方面做了经典的研究。Givanni Dosi 在 1982 年总结了这个阶段学者们对“技术变革的动力及变革规律”这一问题的研究结果和争议，提出了“技术推动”和“经济因素拉动”

双重因素对技术变革的共同作用，并提出了“技术范式”的概念。[①]

20世纪80年代初，对技术变革的研究转向“技术发展对产业和市场的影响”方面，研究重点集中在技术变革与市场的双向关系，即“技术范式的竞争含义”（Abernathy and Clark，1985），K. B. Clark、W. J. Abernathy、F. F. Suarez 、J. Utterback、R. A. Nelson、S. G. Winter、M. L. Tushman、P. Anderson、F. Malerba、L. Orsenigo等学者研究了市场竞争结构对技术变革的影响，并从技术变革（创新）（创新的层级结构、变革阶段等）、组织特征（如组织规模）、行业特征（行业集中度、顾客异质性、价值链组织方式等）等不同角度研究了技术变革在塑造市场竞争环境中的作用。[②] S. G. Winter（1984）、F. Malerba and L. Orsenigo（1993，1995，1996）在Winter（1977）、Dosi（1982）提出的“技术范式”、“技术轨迹”的理论基础上，提出技术范式的四个维度，进一步刻画了技术范式不同维度的变革引起的市场竞争环境的动态变化，将技术范式应用到产业和市场层面，从技术变革角度认识产业演进及市场竞争变化的规律。

20世纪80年代后期，对技术变革的研究从组织的外部环境转向组织内部，关注组织内部的创新活动，以及组织惯例、组织结构、组织能力等因素与技术变革的双向关系，W. J. Abernathy 、J. Utterback 、F. Malerba、L. Orsenigo、S. G. Winte、R. Henderson、Kim B. Clark、F. F. Suarez 、A. Chandler、G.G. Clark 、C. M.Christense、R. S. Rosenbloom等学者在这些方面提供了丰富的研究成果。在位企业与新进入企业应对技术变革的战略和组织行为的差异成为这个阶段很多学者研究的重点，Foster（1984）、Henderson and Clark（1990）、F. Malerba and L. Orsenigo（1993，1996）、Bower and Christensen（1996）的研究揭示了在位企业在面临技术变革时组织在资源分配方式和资源使用过程中的惰性，导致了在位企业相对于新进入者的竞争劣势。[③]

---

① Givanni Dosi. Technological paradigms and technological trajectories：a suggested interpretion of the determinants and directions of technical change [J]. Research Policy，1982（11）：147-162.

② Kim B. Clark. The interaction of design hierarchies and market concepts in technological evolution[J]. Research Policy，1985（14）：235-251.

③ Bower J.L. and Christensen，C.M. Customer Power，Strategic Investment，and the Failure of Leading Firm [J]. Strategic Management Journal，1996，17(3)：197-218.

近年来，对技术变革的研究主要集中在组织动态能力方面，继 Nelson、Winter、Teece、Abernathy、Utterback、Tushman、Anderson 等学者的研究基础上，Eisenhardt and Martin、Helfat and Peteraf、Zott、Lavie 等学者分别从动态能力的形成机制、演化过程、作用机理等角度研究了组织应对外部技术范式变革的动态适应。①

（二）技术范式变革的动力及规律

对于“什么推动了技术范式变革?”这个问题的研究由来已久。Dosi（1982）将技术范式变革（一些文献将其称为“技术创新”或“技术变革”）的来源和动力机制归结为两大类：技术驱动和需求拉动。“技术驱动”论者认为，技术范式的变革主要是由科学技术的发展推动的。K. Pavitt and S.Wald（1971）提出了技术变革的“科学（science）—技术（technology）—生产（production）”的 STP 范式，通过科技投入的重要性、R&D 活动的复杂性以及创新活动的不确定性论证了科学技术的发展对技术变革的推动作用。② Nelson and Winter（1977），Klevorick、Levin、Nelson and Winter（1995）等的研究支持了科学技术的发展、科学知识的积累对技术变革的推动作用，但他们的研究同时发现了一些权变的因素对这种推动作用的调节，认为科技投入和研发活动能否产生新知识，并推动技术范式的变革，在一定程度上取决于技术本身的特征，如技术创新的难易程度、新技术多元化应用的程度、新技术能否产生价值等。现实中一些行业的兴衰、大型公司的跨行业多元化提供了科学技术知识驱动技术范式变革的例证。Chandler（1992）对化学工业在 20 世纪的发展历程的研究验证了以上观点，认为 20 世纪 70 年代化学科学和工程学所提供的新知识不足以使企业保持持续增长，是很多大型化学品公司向生物制药等行业转移的重要原因之一。

技术范式变革动力机制的另一种观点是需求拉动理论。Rosenberg and Mowery（1978）总结了需求拉动论的主要观点和依据，认为技术发展的第一动力

① Zott C. Dynamic capabilities and the emergence of intraindustry differential firm performance: insights from [J]. Strategic Management Journal, 2003, 24: 97-125.

② K. Pavitt and S.Wald. The conditions for success in technological innovation [R]. OECD, 1971.

是生产者对市场需求的识别，并通过技术努力来满足这种需求，顾客需求的变动是导致旧的技术范式向新技术范式变化的关键因素。Christense and Rosenbloom（1995）、Bower and Christensen（1996）进一步研究了市场需求的变化对行业技术范式变革的影响，提出了“破坏性技术”理论，认为需求变动源于顾客需求与技术性能供给的对比，顾客对新技术和现有技术的性能指标的评价以及现有技术满足顾客需求的程度决定了市场是否接受新技术，即新技术能否在市场上取代现有技术。[①] Adner R.（2002）、Ander R. and Zemsky P.（2005）在 Christensen 破坏性技术理论的基础上，提出了需求结构模型，认为技术进步导致的产品性能提高降低了细分市场之间偏好的异质性，模糊了不同细分市场的界限，当顾客对性能提高出现边际效用下降时，就出现了新技术对现有技术和主流市场发挥破坏性作用的机会。[②]

随着技术范式变革动力机制研究的深入，越来越多的学者支持技术和市场需求的双重作用。技术的推动作用源于企业在长期的实践中累积的知识和技能，在此基础上形成企业的技术能力，推动技术范式沿着组织既有的技术路径循序变革，而市场需求是一种筛选机制，在技术路径的选择上是一种关键因素。Givanni Dosi（1982）认为组织研发活动的自发性和不确定性支持了“技术推动”的观点，但经济因素，如经济增长、市场份额、相对价格等也会影响技术变革方向，在此基础上，Dosi 提出了技术范式（technological paradigm）和技术轨迹（technological trajectory）的概念，认为在技术范式的选择机制中，技术的经济因素，如可行性、可商业化程度、营利性等，在技术范式选择中起决定作用。

新兴科学技术和市场需求的双重作用产生了技术范式变革的动力，但是，技术范式的变革不是自发产生的，必须经由一定的实现机制才能得以实现。Schumpeter（1912，1950）提出了创新的两种实现机制：企业家精神（entrepreneurial regime）和常规创新范式（routinized regime），这两种实现机制分别产生了两种模式的创

① C.M.Christensen and Richard S. Rosenbloom. Explain the attacker's advantage: technological paradigms, organizational dynamics, and the value network [J]. Research Policy, 1995, 24: 233-257

② Ander R. and Zemsky P. Disruptive technology and emergence of competition [J]. Rand Journal of Economics, 2005, 36 (2): 173-182.

新：创造性破坏与创造新积累。前者是经由企业家对行业知识基础了解的基础上发现的创新机会，而后者的创新一是由于行业的创新保护机制，如专利等，使企业能够获得创新收益（appropriation），也为企业持续的技术改进提供了机会；二是行业内不断出现的技术机会，这种机会可能来自企业外部，也可能来自企业内部的知识积累。

常规创新受企业现有知识和资源的影响，很多学者的研究支持技术创新"路径依赖"的特征，一旦技术路径得以确立，技术发展就会沿着既定方向，并呈现出自身的发展动力。创造性积累（Schumpeter，1950）、能力加强型创新（Tushman and Anderson，1990）、渐进式创新（Henderson and Clark，1990）都是沿着现有技术路径进行的工艺改进型创新。[①②] Nelson and Winter（1977）认为技术的发展有其"自然轨迹（natural tajectory）"，Givanni Dosi（1982）对技术范式和技术轨迹做了经典研究，他将技术范式定义为"为解决特定技术问题，在现有技术基础上出现的解决方案"，将技术轨迹定义为"特定技术范式边界内的可能的技术发展方向"，认为技术路径的选择存在对现有学识和资源的路径依赖。Malerba and Orsenigo（1993）的研究发现，尽管技术创新有很大的随机性，但创新活动中的相当一部分是来自相对稳定的大型公司的持续性创新，这些大型公司由于技术和组织能力的长期积累，形成了明显的 R&D 规模优势。这些研究都指明了技术变革的"累积性"特征，即与现有的技术基础有关，经过市场的选择机制和制度等因素的影响，在一系列对现有技术问题的解决方案中，筛选出特定的发展路径。

（三）技术范式变革引起的市场竞争环境的变化

技术范式本质上是一种技术问题的解决方案的模式，但作为组织外部环境的关键维度，技术范式同时兼具了"技术性"和"竞争性"的双重特征。Schumpeter

---

① Tushman，Michael L. and Philip Anderson. Technological discontinuities and dominant design：a cyclical model of technological change [J]. Administrative Science Quarterly，1990，35：604-644.

② Henderson，Rebecca M. and Kim B. Clark. Architectural innovation：The reconfiguration of existing product technologies and the failure of established firms [J]. Administrative Science Quarterly，1990，35：9-30.

(1912）在其创造性破坏理论中认为：“周期性的创造性破坏是市场背后的驱动力量，是资本主义的基本特征，（这种变革）的重点不是价格竞争，而是来自新技术的竞争，这种竞争打击的不是在位企业的边际利润，而是其生存基础。”一些学者从技术范式的演变过程入手，研究了技术范式的“技术性”和“竞争性”特征如何在创造新市场的过程中发挥作用（Foster，1986；Bower and Christensen，1996 等)。

新技术范式在其商业化的最初阶段往往并不是应用于主流市场，而是从发现新的利基市场开始的。在新技术发展的初级阶段，新的技术范式在性能上往往劣于现有技术，竞争者首先将新技术应用于利基市场；随着产品性能逐步提高，新技术逐步进行市场渗透，从利基市场扩展到主流市场，逐步完成对旧技术范式的替代。在这个过程中，新技术带来的产品性能的提高是关键（Bower and Christensen，1996；Adner R.，2002；Ander and Zemsky，2005)，[①] 技术进步导致的产品性能提高降低了细分市场之间偏好的异质性，模糊了不同细分市场的界限，当顾客对性能提高出现边际效用下降时，就出现了新技术对现有技术和主流市场发挥破坏性作用的机会，新的技术范式逐步占领主流市场。在技术范式的演变过程中，“技术性”和“竞争性”的变革不一定同步发生，这两个方面的变化程度决定了技术范式变革的层次及对市场竞争环境带来的影响。Abernathy and Clark（1985）在 transilience map 理论中，从技术和市场两个向量，将技术变革分为结构性（architectural)、革命性（revolutionary)、常规性（regular）以及补缺性（niche）四种层次，每种模式的出现都会带来市场竞争环境不同程度的变化，同时也需要不同的组织和管理技能与之匹配，如表 2-1 所示。从长期来看，技术范式的演化过程是连续的常规变革间以突破性的结构性变革，技术突破大大增加了环境的不确定性和包容性，而常规性变革由于基于现有的知识和能力，能够降低环境的动荡性（Tushman and Anderson，1986)。Malerba and Orsenigo（1996，1999）考察了技术变革的波动性（tuebulance)、创新活动的持续性（persistence）问题，

① Ander R. and Zemsky P. Disruptive technology and emergence of competition [J]. Rand Journal of Economics，2005，36 (2)：173-182.

并进一步区分了变革主体的规模、变革频率对环境动态性的影响，认为小型公司的 real entrant（首次创新）/exist（不再创新）是行业中波动的主要原因；而在位企业的连续性的常规变革则降低了环境不确定性，原因是知识和能力的积累在影响在位企业创新持续性上有重要作用。

表 2-1　技术变革分类及其特点

	技术层面	市场层面	管理重点
结构性变革	新技术	新市场	提高产品性能，发掘潜在需求
革命性变革	新技术	现有市场	通过对新技术的持续投资促进长期战略的实现，关注难以预测的技术趋势并合理配置资源
常规性变革	现有技术	价格和性能	保持资源供给和投资的稳定性，提高规模经济
补缺性变革	现有技术	新市场	抓住市场机会，开发相应的产品组合，并快速进入

资料来源：William J. Abernathy and Kim B. Clark. Innovation：mapping the winds of creative destruction [J]. Research Policy，1985，14：3-22.

新的技术范式的出现不仅能够创造新市场，还会引起行业内以及相关行业市场结构的变化。一种新技术的出现并不必然会发展成为主导的技术范式，在新技术的不同阶段，市场竞争结构呈现出不同的特点。这一点在许多学者的研究中得以证实。Pavitt and Wald（1978）认为，新技术从出现向大规模生产转化的过程中，要经历 STP（science-technology-production）的不同阶段，创新过程影响了市场结构，创新的第一阶段（S-T 阶段）是以大量的市场参与者为特征的，第二阶段（T-P 阶段）进入寡头垄断的成熟期，垄断利润成为创新的主要动力。这两个阶段都可能出现寡头垄断，但垄断的来源不同，第一阶段与动态经济（如学习曲线）和企业间创新能力的不对称有关；而第二阶段则与企业的持续创新性（progressiveness）及静态的进入壁垒有关。Suarez and Utterback（1993）的研究则强调了主导设计在技术范式变革中的关键作用，认为主导设计的出现导致了产业中竞争特征、市场进入、市场结构的深刻变化，对技术进步的方向、幅度、行业结构和竞争特点产生了深远影响。主导设计出现之前，竞争主要集中在技术层次，而主导设计出现之后，竞争主要集中在成本、规模和产品性能上；主导设计出现之前，大批公司进入，而主导设计出现之后，竞争优势转移到那些能够实现过程整合，并拥有技术和工程技能的公司，行业内出现几家标准化或轻度差异化的主导公司，行业进入相对稳定期，随着在位厂商建立起关键性的辅助资产和对规模经济的利用，进入壁垒提高。主导设计的出现标志着技术实现标准化，产品成本和价格下降，设备成本提高，进入壁垒加强，在位厂商通过对价值链的控制、纵向一体化或者通过加强与供应商/分销商的关系进一步增强进入壁垒。[①]

技术变革过程中因其在技术和竞争层面的变革程度不同，对组织的外部市场结构、行业结构会产生不同影响，此外，技术范式变革对市场竞争的影响还取决于行业的因素，例如，该行业的收益递增性、市场规模、市场因素（如顾客等）的异质性以及上下游行业间的紧密程度等［Malerba、Orsenigo、Nelson and Winter，2008（1），2008（2）］。行业的收益递增性（主要来自于技术积累和网络外部性）能够产生较强的进入壁垒，不利于新技术范式的出现；异质性顾客以及横向联系密切的市场扩展了行业技术竞争的包容性，允许各种技术范式并存，并逐步演化出占主导地位的技术范式。

技术范式变革作为技术和市场双重因素的结果，是组织竞争环境变化的直接诱因和表现。作为组织外部环境变量的重要维度，技术范式的变革往往反映了市场竞争环境的变化，能够对组织外部环境的变化进行动态描述。很多学者对如何刻画技术范式的变革程度以及对竞争环境的影响进行了研究。Nelson and Winter（1977）、Winter（1984）用技术规制（technological regime）来描述组织所处的技术环境，用技术机会、收益可获得性以及知识基础复杂性来反映技术范式的特征，研究了这些特征如何影响产业的演化方式。[②] Malerba and Orsenigo（1993，1996，1999）将技术规制的含义拓展为技术机会、技术收益获取性和可累积性以及知识基础的复杂性四个维度，并将技术范式区分为广度模式（widening pattern）和深度模式（deepening pattern），认为不同模式影响了行业中技术变革的方式，如创新者的集中程度、企业创新进入/退出难易程度及特征（如进入/退出频率、企业规模等）、创新者层次结构的稳定性等，如表 2-2 所示。进一步刻画了技术

---

① F. F. Suarez and James Utterback. Innovation，competition and industry structure［J］. Research Policy，1993，22：1-21.

② Nelson Richard A. and Sidney G.Winter. In search of useful theory of innovation［J］. Research Policy，1977（6）：36-76.

范式不同维度的变革引起的市场竞争环境的动态变化，将技术范式应用到产业和市场层面，从技术变革角度认识产业演进及市场竞争变化的规律。①

表 2-2 技术范式的广度模式与深度模式

技术体制＼特征	技术机会	收益可获得性	技术累积性	知识基础复杂性	企业进入/退出
广度模式	高	低	低	低	进入/退出频繁，不利于持续创新
深度模式	高	高	高	高	创新活动集中度高，有利于持续创新，并积累技术优势

资料来源：Malerba, F. and L. Orsenigo. Technological regimes and firm behavior [J]. Industrial and Corporate Change, 1993, 2 (1): 45-71.

三、吸收能力理论

（一）“企业是什么”与企业能力

对组织吸收能力的研究是在“企业的性质”的研究基础上展开的。在“企业是什么”或者“企业因何而存在”这个问题上，学者们从不同的研究角度得出了不同的结论。

从古典和新古典经济学看来，企业不过是一个组合各种生产要素生产并出售各种产品或提供服务的经济组织。企业的主人是自有资本的所有者，即资本家，企业的目标是为资本家赚足够多的钱，也就是实现利润的最大化，或成本的最小化。在行为理性、完全信息和“零交易”成本的假设下，企业被看作是一个生产函数。科斯（Coase）认为，企业和市场是两种可互相替代的协调经济活动的手段。企业的产生和发展是市场交易的一种内化，这种内化尽管会带来治理成本，

① Malerba, F. and L. Orsenigo. Technological regimes and firm behavior [J]. Industrial and Corporate Change, 1993, 2 (1): 45-71.

但可以节省市场交易成本，因此，企业在本质上是一种对市场交易成本节约的产物。在科斯交易成本理论基础上，张五常（Cheung）将企业与市场看作是合约安排的两种方式。与其说企业是对市场的替代，还不如说企业是用要素市场替代产品市场，或者说，是用一种合约替代另一种合约，企业在本质上是一组要素的合约。阿尔钦和德姆塞茨（Alchian & Demsets）把企业看作是一种团队生产（team production）的产物，提出了联合团队生产理论。在团队生产中，由于技术的不可分性和计量成本（metering cost）的存在，每个成员的贡献都难以计量和分解，这样就产生了监督的问题，由于市场监督的不完全有效性，就产生了企业这种方式，让监督者拥有剩余索取权，并向其他投入要素支付报酬。威廉姆森（Williamson）在有限理性和机会主义的行为假设下，把企业看作是一种与特定交易合约相适应的、与市场治理相对应的治理结构。

与经济学的研究视角不同，管理学研究者们将企业看作特定资源或能力的组合，由此产生了“资源基础观”、“核心能力观”、“动态能力观”等理论。近年来，随着“适应性企业”、“企业动态能力”等理论的发展，企业作为一种知识（包括组织、技术上的竞争力）的集合，是一种对外部环境开放的系统，而且与外部环境共同演化（Penrose，1956；Chandler，1992；Teece，1986 et al.），这种观点被许多学者所接受（Burns and Stalker，Lawrence and Lorch，Child et al.）。Penrose（1956）将企业看作“资源与服务”、“企业经验与知识”的集合，认为资源本身并不是生产过程的投入，这种“投入”来源于资源提供的服务，认为这些服务是企业积累的经验的函数，在相当程度上是企业专有的，资源与服务的区别正是企业独特性的来源。Chandler（1990）认为，现代商业企业是“动态组织能力”的集合，而动态组织能力是企业竞争力的来源，企业组织能力是企业在长期的经济活动中积累产生的，与组织的知识、技能、经验和团队合作密切相关。从“不对称信息”、“有限理性”的观点出发，Nelson and Winter（1982）的研究认为，组织是特定知识的集合。作为知识的存储库，企业的组织知识就存储于企业的日常程序之中，这种知识和程序上的差异就是不同企业间差异的根本来源，与选择机制一道，这种知识和程序上的差异和变异推进了企业组织的演化。企业活动的常规化很大程度上是对信息量（包括信息复杂程度）的一种反应。

在组织能力问题上，Penrose（1956）认为，企业的基本功能是根据其所研发和实施的规划，利用生产性资源为经济提供商品和服务。企业能力是学习、技术机会和选择过程的结果，这些能力不仅来自过去的实践活动，而且受过去活动的约束，即具有路径依赖的特征。Chandler（1990）提出了“增长和竞争的动态逻辑”，认为企业组织的能力可以使企业从三个方面获取竞争优势：规模经济、范围经济以及企业运作单位之间相互协调获得的交易成本的降低。[①] Teece（1986）提出了组织能力的“黏性”问题，认为组织能力无法被迅速、低成本的获取或传递，因此，企业能够依赖其独特性获取和维持竞争优势。组织能力对组织战略的影响有正面和负面两种，正面影响是企业组织可以通过其独特的能力设计成功的战略，以获取经济租金；而负面影响则在于能力对可供选择的战略可能性的约束，要素市场的缺陷，即价值、文化、经验等的不可交易性，决定了能力无法在短期内被获取、构建，因此，组织能力在短期内对组织的战略选择有较为明显的限制。[②]

（二）组织吸收能力

企业要成功应对外部环境变化，必须对外部环境新知识做出及时、有效的反应。马丁·弗朗斯曼根据企业组织对外部信息的不同反应，将企业组织区分为“对信息问题自然反应的企业”和“对知识自然反应的企业”。马丁（1993）把信息定义为“由世界状态以及由自然或社会事件导致的状态或结果有关的数据”，由于状态和结果的集合是闭合的，整个信息的数据集也是一个封闭的集合。而知识则是一个受组织的发展路径、对外部信息的处理能力影响的开发的集合。马丁对“对信息问题自然反应的企业”和“对知识自然反应的企业”的区分对研究企业对外部环境变化的反应能力的意义在于，他认为知识不等于已经处理的信息，

① Alfred Chandle. Scale and scope: the dynamic of industrial capaitalism, the enduring logic of industrial success [J]. Harvard Business Review, 1990 (3-4): 132-140.

② David. J.Teece. Profiting from technological innovation: implication for integration, collaboration, licensing, and public policy [J]. Research Policy, 1986, 15: 255-305.

知识创造的过程不等于信息处理的过程，在这个观点基础上，马丁提出了“愿景”的概念：以信息结构为基础、受到已处理的信息的影响，也包括组织的洞察力、创造力，甚至误解。在“愿景”的概念框架内，知识在很大程度上来源于组织的信念，一方面，受组织所处理的信息的影响；另一方面，信息并不完全由已处理的信息决定，在信念形成的过程中，洞察力、创造性和错误概念都会发挥作用。组织获取的关于外部环境的信息并不能自然转化为组织对外部环境的理解，信息不能等同于知识，这种观点已经被大多数学者所接受。Nelson and Winter（1973，1980，1994）从演化经济学角度提出了组织知识与组织演化的关系，认为企业是特定知识（如组织、竞争力）的仓库。企业活动的常规化很大程度是对信息量（及其复杂程度）的一种反应。企业知识存储于企业的日常程序中，这是不同企业之间差异的根源，与选择机制一道，这种差异推进了组织的演化过程。组织对外部知识的反应转化为组织投资和使用资源的常规，这种常规的差异推进了组织战略的演化，体现在产品、市场的选择，以及组织结构、文化的配套。将组织对外部环境的了解区分为“信息”和“知识”的一个重要理论意义在于，企业组织并不是对信息自然反应的组织，而是对知识自然反应的组织，企业组织应当被视为“知识的集合”，组织对外部环境信息的了解只有经过组织的消化、吸收，从而转化成组织关于外部环境的知识，继而转化为组织战略，形成组织在战略上的适应能力。在此基础上，必然要研究组织对外部信息的获取、消化，并转化为组织知识的能力，即组织的吸收能力。

在动态环境中组织面临的战略问题方面，Schumpeter（1934）在其“创造性破坏”理论中指出，企业面临的战略问题是决定和开发难以模仿的流程和路径来支持有价值的产品和服务，开发新的竞争力，改良现有竞争力。该理论将“环境变化的信息（创新）”与“组织内部流程和路径”联系起来，指出组织内部流程在“外部环境变化的信息”向“组织战略行为”转化过程中的作用。[①] 在“环境动态性的战略意义”问题上，Teece and Pisano（1994）的“动态能力”理论与“创造性破坏”理论是一脉相承的，但 Teece and Pisano 更强调组织内部过程和位

① 约瑟夫·熊彼特. 资本主义、社会主义与民主［M］. 吴良健译. 北京：商务印书馆，2000.

势在创新的环境中获取和保持竞争优势的重要性，认为组织能力包含流程（组织做事情的方式、程序、模式）、位势（组织当前的技术和知识产权禀赋，以及其互补性资产）、路径（组织的成长历史），组织能力之所以会产生竞争优势和租金，在于其难以模仿的程序、技能和互补性资产。

在组织吸收能力的界定方面，Cohen and Levinthal（1990）对吸收能力作了较为全面、系统的研究，认为组织的吸收能力是“组织识别外部新知识的价值，并通过企业知识整合和应用，取得商业成果的能力”，将吸收能力界定为“（对外部信息的）识别（recogonize）、消化（assimilate）和应用（apply）”。Cohen and Levinthal（1990）认为组织的吸收能力首先是一种“基本的学习能力”，与组织R&D 活动一样，是组织新知识的重要来源之一，因此，吸收能力是组织知识更新、技术创新能力的重要前提。组织吸收能力的培养需要进行特定的资源投入，并且建立在组织范围内成员对新知识的吸收能力基础上的，需要知识在组织内、外部的交流，在组织内部的分享、沟通才能实现，因此，组织吸收能力具有累积性和路径依赖的特征，是受组织现有的存量知识、沟通交流机制等因素决定的。① Mowery and Oxley（1995）认为组织的吸收能力不是一种单一的能力，而是一系列相关能力的集合，强调了组织吸收能力在获取外部新知识、将新知识向组织内部的转移、新知识在组织内部的应用中的重要作用，尤其强调了吸收能力获取、转移、利用“默会知识”中的作用。Kim（1997，1998）在 Cohen and Levinthal（1989，1990）研究的基础上提出，作为组织的一种综合能力，吸收能力不仅仅是对外部新知识的“学习”，吸收能力的另一个重要方面是基于学习基础上的“解决问题的能力”，学习新知识的能力和解决问题的能力是相互关联的，但这两种能力在组织不同类型的创新行为中发挥作用，其中，学习能力有助于组织对外部新技术的模仿，而解决问题的能力则在组织创造全新知识、自主创新方面发挥重要作用。徐二明、陈茵（2009）将组织吸收能力界定为知识获取能力、知识整合能力、知识转化能力和知识应用能力。②

---

① Cohen W.M.，Levinthal D.A. Absorpative capabilities：a new perceptive on learning and innovation[J]. Administive Science Quarterly，1990，35：128-152.

② 徐二明，陈茵.中国企业吸收能力对竞争优势的影响 [J]. 管理科学，2009，22（2）：14-23.

综合以上学者们对组织吸收能力内涵的界定，吸收能力包含了组织对外部信息和知识的获取、转移（学习）和利用。但是，也有一些学者仅仅从组织对外部知识的学习方面来界定组织吸收能力，认为吸收能力即“对外部知识的获取，以及知识在组织内部的扩散”。Heely（1997）、Liao（2003）、Wang and Ahmed（2007）也将组织吸收能力界定为“对外部知识的学习、整合以及（将）新知识向组织现有知识基础的转移”，并将通过吸收能力获取的新知识在组织内部的应用另外定义为“创新能力”，将创新能力和吸收能力定义为两种相互关联的不同的能力。

从现有文献中对组织吸收能力的定义以及内涵界定来看，组织吸收能力是与组织学习能力，即新知识从组织外部向组织内部转移的过程、方式的研究密切相关，学者们分别从知识的来源、知识分布的结构及知识交流过程等方面进行分析。

Nonaka and Tacheuchi（1995）基于对“显性知识”和“隐性知识”的区分，提出了“基于组织层次结构的知识创造理论”，认为组织对新知识的学习和吸收是一个显性知识连续向隐性知识转化的过程，这个过程包括社会化（socialization）、外部化（externalization）、整合（combination）、内部化（internalization），通过这四个过程的交互作用，知识在组织与环境、组织内部不同层次之间进行连续的交流。Dixon（2000）根据知识在组织中的分布，将组织知识区分为个人知识和公共知识，个人知识是指那些组织成员的私有知识，这部分知识被成员个人视为私有，不愿跟组织其他成员进行分享；而公共知识则是能够与他人分享的，能够在组织内部进行交流、沟通的知识。个人知识与公共知识的区分的意义在于，成员个人对知识的吸收仅仅完成了组织吸收新知识的一个阶段，还需要通过组织内部的交流、沟通机制，完成新知识的传播、整合、消化过程。

与以上学者们将组织对新知识的吸收看作“知识传播的过程”不同，Gibert and Cordey-Heyes（1996）将技术知识的转移看作是经验的过程，提出了知识从外部获取到内部吸收的五个阶段：获取（aquisition）、沟通（communication）、应用（application）、接受（acceptance）、消化（assimilation），强调知识在组织内部的接受和消化，认为只有新知识被所有组织成员所接受，并转化成了组织成员的经验和组织行为的常规，在日常工作中自觉运用，才达到了组织对新知识的吸收。

（三）吸收能力的来源及影响因素

Cohen and Levinthal（1989）通过考察组织知识的来源，提出了知识存量模型，认为组织的知识存量（技术能力）来源于两个方面：创新（研发）和学习（learning from outside）。组织吸收能力是影响组织对外部知识获取程度的重要因素，并将吸收能力作为组织获取外部知识（learning）的手段，将其定义为一种有别于“干中学”的知识获取方式，认为组织吸收能力不仅能够使组织利用外部知识，而且能够通过对外部知识的依赖产生新知识，并认为行业技术因素（技术机会、利润可获得性等）会影响组织的 R&D 投入，即组织知识的获取方式，但知识的特征（如可累积性、科学进步速度、知识的目的性）决定了学习的难易程度，进而调节了技术范式对 R&D 投入（知识获取方式）的影响。

针对“组织知识的来源”问题，学界长期以来存在争论。Cohen and Levinthal（1990）认为吸收能力来源于三个方面：组织自身的 R&D 投资、生产过程中获得的经验（干中学）、对员工和管理人员的培训。组织吸收能力很大程度上是由组织的 R&D 活动产生的（甚至一些学者将强度作为衡量组织吸收能力的唯一指标，[①] 如（Tsai，2001），而组织的 R&D 投入在很大程度上受到行业技术因素的影响：技术的利润可攫取性、技术机会等。吸收能力与 R&D 存在以下关系：吸收能力决定了组织对外部知识的获取、消化、转移、利用的程度（技术能力），而组织吸收能力的构建又取决于组织的 R&D 活动。而且，吸收能力调节了利润可攫取性、技术机会等行业技术因素对 R&D 投入的影响，如图 2-1 所示。

组织现有的认知结构会影响组织对外部信息的吸收，如现有学习经验和技能、努力程度，组织现有知识的丰富性和多样性等。因此，吸收能力至少包括三个方面的内容：组织与外部环境的交流方式、组织内部各部门之间的交流方式、组织内部知识的特征和分布。强调组织与外部环境之间、组织内部各部门之间的

① Tsai. Knowledge transfer in intraorganizational networks [J]. Academy of Management Journal, 2001, 44: 996-1004.

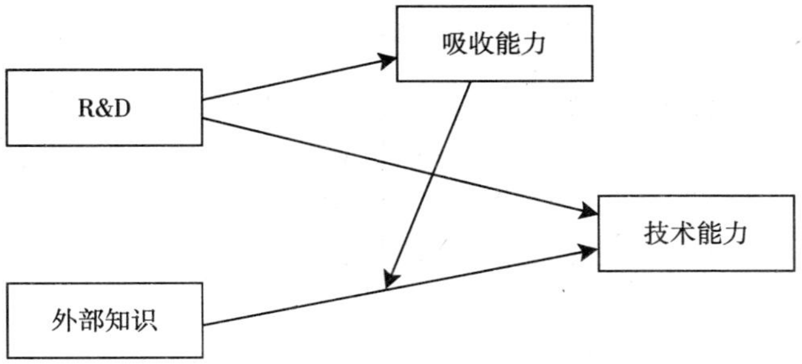

图 2-1 吸收能力的来源

交流功能（interface function），组织不同界面的“守门人（gatekeeper）”应承担起“监测”和“翻译”的功能。在外部环境变化快速且不确定的条件下，组织应当尽可能地对外部环境开放，而有机的组织结构更易于组织接受外部环境的信息，利于外部信息在组织内部的传播、消化。

吸收能力的获取方式具有独特性（firm-specific）、默会性（tacit）以及内部体验（acquired only through experience within firm）的特点，因此吸收能力具有累积性和路径依赖的特征。这就决定了吸收能力在外部环境变化时，一方面影响组织的“预期方式（expectation formation）”，使得组织能够更加准确地预测技术变革的本质以及其所能产生的商业潜力；另一方面也会由于其路径依赖、领域的独特性（domain-specific）等特点使组织产生“锁出效应（lock-out）”，将组织的活动区域锁定于某一特定的技术领域。

Zahra and George（2002）研究了组织吸收能力（ACAP）的形成和作用机制，将吸收能力定义为“（对外部信息的）获取、消化、转移、利用”，并将吸收能力区分为潜在的吸收能力和现实的吸收能力两种。其中，潜在的吸收能力包含对外部知识的获取和消化，而现实的吸收能力则是指组织对外部新知识向组织内部的转移以及对新知识的利用。ACAP 模型描述了吸收能力的形成和作用机制，认为组织吸收能力影响组织的竞争优势、战略适应能力、创新能力和组织绩效，但这种影响作用受到技术范式中利润攫取性的影响，[①] 如图 2-2 所示。

---

① Zahra，S. A.，Sapienza，H. J. and Dav idsson，P. Entrepreneurship and dynamic capabilities：A review，model and research agenda [J]. Journal of Management Studies，2006，43 (4)：917-955.

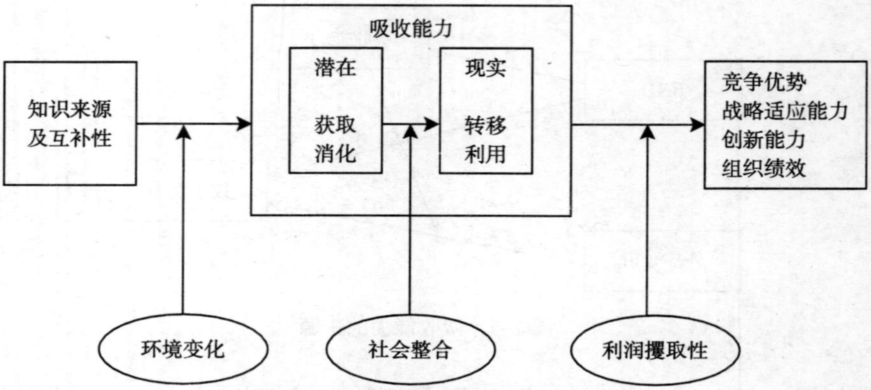

图 2-2　吸收能力的形成及作用机制

四、现有研究中存在的主要问题与争议

（一）组织的战略适应能力能否形成组织的竞争优势，并提高组织绩效，对这个问题学术界仍然存在争论

大多数学者的研究支持组织的战略适应能力能够提高组织绩效的观点，认为组织的动态适应能力，也就是在动态环境中，组织在战略上对其内外部技能、资源和适应环境的能力进行合理获取、整合、再配置的能力，是组织竞争优势的来源。也有一些学者认为，动态适应能力并不能成为组织竞争优势的来源，因为组织特有的能力会随着时间进化，只能产生短期的竞争优势（Dierickx and Cool，1989）①，因此无法为组织提供长期的、可持续的竞争优势。现有文献对这一问题的研究主要从理论上解释了组织战略适应能力对组织竞争优势、组织绩效的影响，虽然一些学者［如 Ron（1995）等］对这一问题从组织的某个竞争领域（如

① Zahra，S. A.，Sapienza，H. J. and Dav idsson，P. Entrepreneurship and dynamic capabilities：A review，model and research agenda［J］. Journal of Management Studies，2006，43（4）：917- 955.

创新、产品市场）进行了实证研究，但是只验证了战略适应能力与组织绩效某一方面的关系，未对二者之间的关系做出全面的假设和验证。鉴于此，本研究拟在现有文献和研究成果的基础上，对组织的战略适应能力与组织绩效之间的关系做出全面的假设，并通过规范的实证研究对这个问题进行深入探讨。

（二）尚未在企业组织层面研究技术变革对组织战略适应能力与组织绩效之间关系的影响

本研究将“技术变革”作为刻画组织外部环境动态变化的核心变量。Dosi（1982）、Nelson and Winter（1984）、Pavitt（1984）等学者对技术范式的内涵、特征做了全面的刻画①，Malerba、Orsenigo、Breschi（1993，1997，2000 等），Malerba、Orsenigo、Nelson and Winter（2008）等学者进一步深化了技术范式研究的深度，将技术范式细化为多种层次和维度，并从行业层面研究了技术范式变革的不同层次和维度对组织行为的影响。后来的学者在上述研究的基础上研究了环境对组织战略的影响、技术范式变革的程度和维度以及技术范式变革对行业结构的影响，从宏观和行业层面研究技术范式变革产生的影响，但是缺乏从企业组织层面对“技术变革对组织战略和组织绩效”的研究。除此之外，在“技术变革对组织战略和行为的影响”的企业组织层面的研究中，则缺乏对“技术变革”的深入细化，只将“技术范式”作为一个笼统的外部环境变量进行研究（王永贵等，2004）。本书围绕“组织战略适应性与组织绩效的关系”这一核心问题，进一步研究在外部技术环境变化的不同层次和维度，将会对这一基本关系产生怎样的影响，进而尝试回答“组织战略适应能力应如何与不同层次和维度的技术变革相匹配”的问题，在一定程度上解决对“战略适应能力的成本”这一问题的质疑。

（三）对组织战略适应性对组织绩效的作用机制缺乏系统研究，组织吸收能力能否在二者之间发挥中介作用有待进一步的实证检验

现有的研究成果主要从资源配置的灵活性的角度研究了组织资源对组织绩效

① K.Pavitt. Sectoral patterns of technical change：towards a taxonomy and theory［J］. Research Policy，1984，13：343-373.

的作用，而组织战略的适应性不仅包括组织资源的灵活性，而且需要组织结构、协调能力等组织在资源使用上的灵活性。目前的研究大多将组织吸收能力作为组织资源的配置工具，研究了吸收能力在组织竞争优势形成方面的作用，对组织吸收能力在资源使用、内部协调等组织战略适应能力的重要方面较少涉及，因此，现有文献对组织战略适应能力对组织绩效的作用问题上尚缺乏系统的研究，对二者之间的作用机制也缺乏明确的研究结论。本研究在现有文献基础上，尝试将组织吸收能力作为组织在资源配置、资源使用上的适应能力作用于组织绩效的中介变量，来探讨组织战略适应性对组织绩效的作用机制，并尝试建立一个较为完整的战略适应能力——组织绩效关系的研究框架，通过规范的实证研究对组织吸收能力能否发挥中介作用进行检验。

第三章 理论框架设计

本书第二章总结、分析了本研究领域中目前的主要相关研究成果，本章将在前人研究的基础上，提出本研究的主要理论假设，形成本研究的理论框架。

一、战略适应能力与组织绩效的关系

（一）组织战略适应能力的内涵界定

对组织战略适应能力内涵的界定，现有文献主要存在资源与能力观、环境观、组织学习观以及复杂系统观等几种理论观点，这些观点从不同角度阐述了组织战略适应能力的内涵。Browne、Hayes、Gerwin、Das、Mienham、Ramgan、Derrick、Qingyu、Hang 等学者从组织对外部环境的动态适应出发，认为战略适应能力是组织对环境不确定性反应的能力，主要体现在组织对外部利益相关者，如顾客、供应商、技术、竞争及国际化需求等方面变化的适应能力，这种观点强调的是对环境变化的反应、响应能力，以及组织为适应环境变化做出的调整和匹配。Nemelz、Upton、Sanchez、Barrett、Weinstein、Gittelman、Horrigan、Joyce、Wright、Snell、Phillips、Koomhlf 等学者基于组织资源和能力的观点，认为战略适应能力是组织整合、协同设备、技术、资源、管理能力、供应链等应对环境变化的能力，这种观点强调的是组织对其内外部资源、能力的协调与整合。Volherda、Wadhw、Cohen and Levinthal（1989）、Nonaka and Tacheuchi（1995）、

Gibert and Cordey-Heyes（1996）、Dixon（2000）等学者从知识来源以及组织学习的角度出发，认为战略适应能力是组织对外部技术、知识变化的反应能力，强调的是组织对新知识的获取、吸收、创造和使用。Rosemary、Skordoulis et al.则从复杂系统的角度，认为战略适应能力是组织持续地整合新观点以保持组织运行的有效性和强有力的战略位置，强调组织的演化与适应以及与外部环境的平衡和创造性。

在企业战略适应能力的组成因素方面，我国学者汪应洛等提出柔性战略主要包括五个方面：资源柔性、能力柔性、组织柔性、生产柔性和文化柔性。万伦来等学者基于学习创新理论，提出了组织战略适应能力的一个七维分析框架，从机械、企业、协调、人力资源、学习创新、原材料供应、产品市场七个角度来分析组织对外部环境变化的战略适应。John M .Rudd（2008）等则将适应能力区分为运作、财务、结构和技术上的适应力①。孙宝文等（2010）学者从能力、组织、文化、资源四个方面测度组织的适应能力②，其中，能力柔性主要体现在学习能力（Quinn，1980）、资源重定位能力（Ansoff，1965；Wernerfelt，1984；Teece，1994）、整合能力（Mintzberg，1978；Miles、Snow，1978）等方面；组织柔性要体现在组织结构（Anderws，1971）、战略实施（Ansoff，1965）、产权结构、博弈关系及利益冲突（MacMillan，1978；Sarrazin，1975）等方面；文化柔性主要体现在个人的认知风格、心智模式、行为方式（March、Simon，1958）、企业文化、社会价值观念及集体思维过程（Rhenman、Normann，1960）等方面；资源柔性主要体现在资金（Ansoff，1965）、知识资源（Simon，1957；March、Simon，1958）、学习资源（Quinn，1980）、生产资源、人力资源（Hannan、Freeman，1977）、资源的可获性（Markides，1999）等方面。王迎军和王永贵（2000）提出了五种具体的柔性战略：产品柔性战略（product flexible strategy）、数量柔性战略（volume flexible strategy）、时间柔性战略（time flexible strategy）、分销柔性战略（distribution flexible strategy）、响应柔性战略（responsiveness flexible strategy）。

① John M. Rudd，Gordon E. Greenley，Amanda T.，Beaston L. Strategic planning and performance：extending the debate [J]. Journal of Business Research，2008，61（2）：99-108.

② 孙宝文，涂艳等. 企业战略柔性关键影响因素实证研究 [J]. 中国软科学，2010（12）：132-144.

Sanchez（1995，1997）认为组织适应能力体现在组织资源以及使用资源的方式、组织形式在应对环境变化和组织战略目标的变革上显示出的灵活性，提出战略柔性由资源柔性和协调柔性组成[①]，其中，资源柔性取决于资源本身的属性，而协调柔性则反映了企业利用资源的能力。资源柔性可以用资源潜在用途的三个维度来描绘：资源的使用范围、转换成本、转换时间，在面对环境变化时，组织要适时调整战略目标，根据环境和战略目标的变化对资源进行重新配置、使用，具有柔性的资源进行重新配置时的转换成本较小，可以更好地适应环境的变化。协调柔性包括以下三个重要维度：确定资源的使用范围、重组资源链、资源使用的流程和过程。通过协调柔性，企业可以有效地对资源加以应用，并根据环境的变化不断调整资源组合，进而实现和保持企业的竞争优势。[②]

本研究综合分析上述研究结论认为，组织的战略适应性主要体现在动态环境下组织“如何动态使用内外部资源的能力”，对资源的动态使用包括两个方面：资源的灵活配置以及为达到资源的灵活配置组织在协调活动上的灵活性。因此，将组织的战略适应能力界定为“资源的灵活性”、“协调的灵活性”。

（二）组织绩效的内涵界定

企业的绩效评价作为现代企业战略指导和控制的重要管理工具，其方法尚处于发展与完善之中，学者们对组织绩效的界定基于研究视角和研究目的的差异，也存在很大不同。

王铁男等学者在研究中系统评述了财务指标评价方法与EVA绩效评价方式[③]，认为财务指标评价方法作为一种结果指标，在评价中不能将企业未来的增长以及发展动力等“未来”因素纳入考核体系，难以揭示企业未来的增长空间，只是对过去已经发生结果的记录；没有考虑所有者权益的机会成本，容易导致企业经营

① Sanchez R. Preparing for an uncertain future: managing organizations for strategic flexibility [J]. International Studies of Management & Organization，1997，27（2）：71-94.

② 李垣，苏中锋. 战略柔性对企业获取创新收益的影响研究 [J]. 科学学研究，2008，26（4）：414-418.

③ 王铁男，陈涛，贾榕霞. 组织学习、战略柔性对企业绩效影响的实证研究 [J]. 管理科学学报，2010，13（7）：42-58.

者的短期行为。在只重视财务指标来衡量管理层绩效的情况下，管理层将选择不断提高财务指标作为短期目标，这损害企业的长期利益和发展目标。经济增加值（economic value added，EVA）克服了传统财务指标没有考虑资本的机会成本的缺陷，将资本所有者投入企业的资本的机会成本计入评估系统，量化了企业能够提供给投资者的增值收益，但由于该方法仍是一种以财务指标为核心的绩效评价方法，因此难以评估企业市场前景、内部管理效果和未来成长能力，也没有将企业组织的利益相关者的满意程度纳入评价系统。

平衡计分卡（balanced score card，BSC）作为一种企业绩效评估和战略管理的工具，提供了一个系统的、较为全面的评估框架，从财务、顾客、内部流程、学习与成长四个角度全面评估企业的经营绩效，将企业的使命和战略转化为一套绩效评价体系，其指标体系包括财务、顾客、内部过程、学习与成长四个层面，兼顾财务与非财务指标，突出了非财务资本在企业经营中的关键作用；考虑企业以外的利益相关者的利益要求，使得企业拥有良好的外部经营环境；将绩效评价融入企业战略管理中，引导、控制企业战略的制定和实施。在财务方面，从收入增长（包括产品组合的优化）、成本降低和生产率提高、资产利用和投资导向三个方面分析财务目标的实现情况和经营效果；在顾客方面，从市场份额、顾客保持率、顾客获得率等竞争性指标以及顾客满意度、顾客为企业带来的利润等角度来帮助企业分析、确定目标市场和顾客群，并对顾客的消费效应、消费倾向进行全面衡量；在内部流程方面，对组织流程的改良过程、经营过程、售后服务等不同阶段设置不同的评估指标，便于组织对内部流程的评价和改善；在组织学习和成长方面，通过衡量组织内部员工素质、人力资源投资、基础设施建设投资，注重组织在长期中的学习和成长，避免组织运行中的短期行为。但由于平衡计分卡制度四个组成因素涉及了组织在经营管理中的各个方面，覆盖面较大，在实践中操作起来有较大难度。

利益相关者评价法是一种旨在评估企业组织实现多重目标的能力的一种复杂的、多方位的评价方法。这一方法强调了组织的所有利益相关者的利益，股东、债权人、顾客、供应商、雇员甚至包括社区等的满意度都纳入了评价指标。Wang and Satow（1994）的研究采用了利益相关者这种评价方法来评估组织绩效，采用了七个方面的评价指标：市场份额（market share）、竞争力（competitiveness）、营利性（profitbility）、任务完成能力（task accomplishment）、员工离职率（turnover）、工作满意度（job satisfaction among majority of employee）、预计未来投资规模（predition of investment scale），较为全面地评价了组织利益相关者的利益。

本研究综合以上各种组织绩效评价方法的利弊，以平衡计分卡和利益相关者评级法为参照，结合本研究的目标，将组合绩效界定为"执行力"、"营利性"、"竞争力"、"增长性"以及"利益相关者满意度"五个方面。

（三）战略适应能力与组织绩效的关系

对于组织战略适应能力与组织绩效的关系这个问题的研究往往是在包括组织竞争优势、动态能力整合的研究框架中进行的。要回答战略适应能力是否能够提高组织竞争优势，首先要回答"动态环境中可持续竞争优势的来源是什么"这个问题。组织战略的核心命题是如何创造并维持可持续的竞争优势（罗珉、刘永俊，2009）。组织竞争优势的来源是什么？从着眼于产业环境分析的企业竞争力理论（波特，1996）[①] 到强调企业专有资源的资源基础观（Wernerfelt，1984；Barney，1991）[②]，到强调企业核心能力的核心能力理论（Prahalad and Hemel，1990），再到强调环境动态性的动态能力理论（Teece and Pisano，1994；Teece、Pisano and Shuen，1997）[③]，都对企业组织竞争优势的来源从不同角度进行了解释。Teece and Pisano（1994）用一个扩展的范式来解释组织如何获取和保持竞争优势，认为组织的动态能力，也就是在动态环境中，组织在战略上对其内外部机能、资源和适应环境的能力进行合理获取、整合、再配置的能力，是组织竞争优势的来源，而组织的动态能力内嵌于组织流程中，并受制于组织的成长历史。

大多数学者的研究支持组织的战略适应能力能够提高组织绩效的观点。动态

① Porter M.E. What is trategy? [J]. Harvard Business Review，1996，74（6）：61-81.

② Barney J. B. Firm resource and sustained competitive advantage [J]. Journal of Management，1991，17：99-120.

③ D.J.Teece，Pisano G.，and Shuen A. Dynamic stabilities and strategic management [J]. Strategic Management Journal，1997，18（3）：509-533.

能力理论指出：企业竞争优势不仅源于企业所拥有的资源，企业利用这些资源的能力也有重要的作用，当环境发生变化的时候，市场中经常会涌现新机会，战略适应能力可以帮助企业寻找并发现新的资源或已有资源的新用途，整合已有的资源和获取新资源，实现对资源的有效利用，从而为创新活动的开展提供保障，提高企业开发新产品的速度，帮助企业快速将新产品推向市场。Sanchez（1995，1997）等学者的研究认为，作为一种不同于"资源基础观"、"核心能力观"的新型资源使用模式，组织的战略灵活性是组织在动态环境中获取竞争优势的动力所在。通过以下几个方面的系统互动，组织能够通过战略上的灵活性提高组织竞争优势：技术与市场机会的实时调节、资源配置的动态效率、通过能力平衡获取的能力多样化、战略决策的灵活性、动荡环境中的动态平衡。动态市场上的竞争优势来源于通过组织的战略行为持续补充产品创新资源的能力以及配置组织内部和外部资源以利用动态市场机会的能力（Sanchez，1995；Daft and Weick，1984；Hrebiniak and Joyce，1985）[①②]。

在"柔性战略"理论中，安索夫（1988）指出，尽管"柔性战略"能够提高组织对动荡环境的适应能力，但并不是包医百病的"灵丹妙药"。组织在培育其战略柔性时，应注意以下三个方面的问题：首先，组织外部环境动荡程度作为"控制企业战略成败的驱动变量（driving variables）"，会影响组织柔性战略的实施以及发挥作用的效果；其次，组织战略必须根据环境的变化程度进行适时的调整，强调组织战略的"进取性"；最后，除了组织战略，组织的管理能力也必须随环境变化做出适时调整，这是影响组织战略效果的另一个重要因素。也有一些学者提出了对"资源作为组织竞争优势的来源"这一问题的质疑，认为组织特有的资源会随着时间进化，只能产生短期的竞争优势（Dierickx and Cool，1989）。后来这种理论被进一步拓展到组织能力的研究领域，一些学者们进一步认为组织的动态能力不能成为组织可持续竞争优势的来源，因为特定行业中的能力具有相

① Daft R.L. and K.E.Weick. Towards a model of organizations as interpretation systems [J]. Academy of Management Review，1984，9：284-295.

② Hrebiniak L.G. and W.F.Joyce. Organizational adaptation，strategic choice and environmental determinism [J]. Administrative Science Quarterly，1985，30：336-349.

似性，而且随着时间的推移，某个组织特定的能力会逐渐成为行业内企业共有的能力，因此，动态能力也无法为组织提供长期的、可持续的竞争优势（Winter，2003；Eisenhardt and Martin，2000）。

一些学者进一步研究了“资源灵活性”和“协调灵活性”在竞争优势、组织绩效、创新收益等方面的影响。Teece（1986，2007）、Sanchez（1995，1997）、Barney（1991）等学者考察了资源的灵活性对组织绩效和创新收益的影响，当企业面临的市场环境快速变化时，拥有较高资源柔性的企业能够以较低的成本改变资源的用途，一方面，当现有资源可以容易地应用到新用途时，企业可以花费较少的时间和精力去寻找新资源来满足创新的需要；另一方面，当资源柔性较高时，企业在转换现有资源用途时可以节省大量的时间、人力和财务成本，这有助于企业获取创新的先动优势和降低产品成本。在高度竞争的环境中，竞争情形会迅速发生变化，企业需要利用现有资源的柔性来应对这些变化，资源柔性成为企业适应不断变化的市场环境和高度不确定的创新活动的手段，因此资源柔性在高度竞争的情形下会成为企业获取创新收益时一种非常有价值的资源。拥有较高资源柔性的企业可以更加有效地把创新和所需要的资源加以结合，获取创新收益，也就是资源柔性可以帮助企业获取创新收益。但也有一些学者提出了资源灵活性对组织绩效和收益的负面作用。Kraatz and Zajac（2001）的研究认为，资源灵活性对企业获取创新收益的不利影响主要体现在以下三个方面：[①] ①资源灵活性是学习的障碍，在外部环境发生变化时资源灵活性会形成能力陷阱，不利于企业学习新的知识和能力（Henderson and Clark，1990）；②资源是环境的缓冲器，资源灵活性往往会削弱外部环境变化对企业造成的威胁，使决策者对外部的变化不敏感，使企业较少关注消费者需求的变化和竞争者所采取的行动（Teece，1986）；③资源会产生“锁定”效应，如果企业轻易地调整其战略则会损害其现有资源的价值，从而危及企业长期形成的竞争优势，因此现有资源对组织形成了一种“锁定”的局面，不利于企业获取新的资源，因此，在创新的商业化过程中需要将创

① Kraatz M. S.，Zajac E. J. How organizational resources affect strategic change and performance in turbulent environments：Theory and evidence [J]. Organization Science，2001，12：632-657.

新和资源加以结合（Rosanna and Roger，1996）①。

在“协调的灵活性”方面，Grewal and Tansuhaj（2001）、Katsuhiko and Hitt（2004）的研究认为，通过协调柔性，企业可以有效地对资源加以应用，并根据环境的变化不断调整资源组合，进而实现和保持企业的竞争优势。同时，拥有较高协调柔性的企业可以通过发现新的资源和现有资源的新用途，以及更好地配置和整合资源来满足创新商业化过程中对资源的需求，实现商业化的成功，提高企业绩效。

综合以上研究成果，本书提出关于组织战略适应能力与组织绩效关系的假设如下：

H1：组织战略适应能力与组织绩效存在正向相关的关系。

H1a：资源灵活性与组织绩效存在正向相关的关系。

H1b：协调灵活性与组织绩效存在正向相关的关系。

二、战略适应能力对组织绩效的作用机制：组织吸收能力

（一）组织吸收能力的内涵界定

在组织吸收能力的界定方面，Cohen and Levinthal（1990）对吸收能力做了较为全面、系统的研究，并将吸收能力定义为“组织识别外部新知识的价值，并通过企业知识整合和应用，取得商业成果的能力”，将吸收能力界定为“（对外部信息的）识别、消化和应用”，认为知识吸收能力是企业的基本学习过程，这种能力对企业创新能力的培养至关重要，知识吸收能力的发展建立在成员各自吸收

① Rosanna G.，Roger C. A critical look at technological innovation typology and innovativeness terminology：a literature review [J]. Journal of Product Innovation Management，2002，19：110-132.

能力的先前投资上，具有累积性和路径依赖性，由知识分享和内部沟通的组织能力决定。根据他们的定义，组织的吸收能力是由现有知识存量影响的企业对新知识的学习模仿能力。

Mowery and Oxley（1995）认为组织的吸收能力不是一种单一的能力，而是一系列相关能力的集合，强调了组织吸收能力在获取外部新知识、将新知识向组织内部的转移、新知识在组织内部的应用中的重要作用，尤其强调吸收能力在获取、转移、利用“默会知识”中的作用。

Kim（1997，1998）在 Cohen and Levinthal（1989，1990）研究的基础上提出，作为组织的一种综合能力，吸收能力不仅是对外部新知识的“学习”，其另一个重要方面是基于学习基础上的“解决问题的能力”，学习新知识的能力和解决问题的能力是相互关联的，但这两种能力在组织不同类型的创新行为中发挥不同的作用，其中，学习能力有助于组织对外部新技术的模仿，而解决问题的能力则在组织创造全新知识、自主创新方面发挥重要作用。

Zahra and George（2002）研究了组织吸收能力 ACAP 的形成和作用机制，将吸收能力定义为“（对外部信息的）获取、消化、转移、利用”，并将吸收能力区分为潜在的吸收能力和现实的吸收能力两种，其中，潜在的吸收能力包含对外部知识的获取和消化，现实的吸收能力包括外部知识向组织内部的转移，以及组织对转移的外部知识的利用。

Heely（1997）、Liao（2003）认为组织的吸收能力主要包含两个因素：外部知识的获取与知识在组织内部的扩散。徐二明、陈茵（2009）将组织吸收能力界定为知识获取能力、知识整合能力、知识转化能力和知识应用能力。

综合以上研究结论，本研究将组织吸收能力界定为三个方面，即对外部知识的获取能力、新知识在组织内部的消化能力、新知识转化为组织内部知识的转化能力。

（二）战略适应能力与吸收能力的关系

现有文献中较少有对战略适应性和吸收能力关系的研究，Zahra and George（2002）在对吸收能力的研究中，提出了吸收能力对组织的竞争优势、战略适应能力、创新能力和组织绩效的作用机制。Rindova and Kotha（2001）的研究将组织结构的柔性、组织功能与组织动态能力结合起来，认为动态能力体现在组织资源以及资源使用的灵活性、组织形式以及组织的战略需求的持续变迁，组织适应能力的发展往往伴随组织形式的演化。但是在“战略适应能力形成机制”以及“动态能力理论”的研究中，可以发现组织吸收能力对组织战略适应能力形成的促进作用。

关于战略适应能力的形成机制，Ansoff（1975）认为战略适应能力来源于组织内部结构的流动性和外部知识的多样性。Aaker and Mascarenhas（1984）提出提升战略适应能力的三种途径，即多样化（包括知识的多元化、资源和能力的多样化等）、对未来机会进行的投资以及专业化配置的减少。而 Sanchez（1993，1995）将组织的战略适应能力区分为“资源的灵活性”和“协调的灵活性”，这两个方面的灵活性可以通过不同的方式获取，例如，及时识别和获得可以给企业带来更多的战略选择权的资源，实现资源的多样化，并进行灵活的使用和配置，可以使组织实现资源上的灵活性；而通过组织内部结构、流程的改造，达到对组织内外部资源的协同使用，来实现组织在协调上的灵活性。Das（1995，1996）认为，战略适应能力的增强包括内部途径和外部途径，内部途径包括模块化生产、员工知识结构多元化、组织结构等，外部途径包括与供应商、顾客的关系，在供应链上的灵活性、战略联盟、跨国采购等。还有一种观点将组织战略适应能力与组织在动荡环境中的动态能力联系在一起。Wang and Ahmed（2007）在对组织动态能力的研究框架中，提出将组织的动态能力区分为三种能力：适应能力、吸收能力以及创新能力。组织的适应能力首先是通过有效的搜索，发现新兴市场机会并对其做出投资承诺，其次是通过资源使用和协调上的灵活性来平衡“利用”和“开发”两种战略。

本书将组织的战略适应能力界定为“为应对外部环境的变化，组织在配置和使用资源上的灵活性”。在这个定义基础上，组织战略适应能力与组织吸收能力存在一种双向沟通的关系，通过对新知识的吸收，可以促进组织适应能力。组织资源的灵活性和协调的灵活性，即组织动态配置资源的能力要通过组织对外部知识的吸收、转化，才能产生竞争优势和组织绩效的提高。如果没有对外部信息的吸收、转移和利用，将外部信息转化为组织的知识和信念（马丁·弗朗西斯，1993），组织灵活配置、使用资源的能力将难以带来竞争优势、组织绩效的促进。

基于以上研究结论和逻辑分析，本书提出关于战略适应性与组织吸收能力的关系的假设如下：

H2：组织战略适应能力与组织吸收能力间存在正向相关的关系。

H2a：资源灵活性与组织吸收能力间存在正向相关的关系。

H2a1：资源灵活性与知识获取能力间存在正向相关的关系。

H2a2：资源灵活性与知识消化能力间存在正向相关的关系。

H2a3：资源灵活性与知识转化能力间存在正向相关的关系。

H2b：协调灵活性与组织吸收能力间存在正向相关的关系。

H2b1：协调灵活性与知识获取能力间存在正向相关的关系。

H2b2：协调灵活性与知识消化能力间存在正向相关的关系。

H2b3：协调灵活性与知识转化能力间存在正向相关的关系。

（三）吸收能力与组织绩效的关系

由于组织吸收能力与组织动态能力之间不可分割的关系（Penrose，1954；Teece and Pisano，1994；Teece、Pisano and Shen，1997；Eisenhardt and Martin，2000；Martin，2007；Cohen and Levinthal，1989，1990），现有文献中对“吸收能力与组织绩效的关系”的研究大多包含于“动态能力与组织绩效的关系”的研究中。

动态环境中组织的动态能力对组织绩效的促进作用在很多学者的研究中得到证实。Schumpeter（1934）在其“创造性破坏”理论中指出，企业面临的战略问题是确定和开发难以模仿的流程和路径，来支持有价值的产品和服务，开发新的竞争力，改良现有竞争力。Penrose（1954）在探讨“企业是什么”以及“企业做什么”的问题时提出了资源与服务、企业的经验与知识的区别，认为资源所提供的服务，而非资源本身，是企业生产过程中的投入品。这些服务是企业累积的经验和服务的函数，服务在相当程度上是企业专有的，资源与服务之间的区别是单个企业独特性的来源，企业在服务、经验、知识上的独特性是组织竞争优势的来源，而“服务、经验、知识”正是组织能力在组织运作层面上的具体体现。Teece and Pisano（1994），Teece、Pisano and Shen（1997），Teece（2007）明确提出，组织的竞争优势来源于组织的动态能力，而组织能力之所以能够产生竞争优势和经济租金，在于其难以模仿的惯例、程序、技能和互补性资产，以及组织的内在一致性。

Wang and Ahmed（2007）提出了一个环境动态性、组织战略、组织能力以及组织绩效的整合研究框架，认为环境的动态性是培育组织动态能力的前提，组织的动态能力和资源是组织战略的决定因素，组织的发展战略决定了组织要培育和发展的能力类型，而组织能力最终决定了组织绩效。两位学者通过实证研究，验证了组织动态能力对组织绩效的促进作用。

Ron Sanchz（1995）在对组织战略灵活性的研究中，提出并回答了“动态环境中组织可持续竞争优势的来源是什么”的问题，认为动态市场上的竞争优势来源于组织持续补充产品创新的资源链的能力，以及配置各种资源（包括内部资源、关系资源以及市场资源等）以利用动态变化的市场机会的能力，将组织视为一个开放的系统，通过这种动态的资源配置和使用能力，保持对外部市场变化的适应。

Zahra and George（2002）将吸收能力区分为潜在的吸收能力（PACAP，指对外部知识的吸收和消化）和现实的吸收能力（RACAP，组织对知识的整合、利用），研究了组织吸收能力的形成及作用机制，强调组织吸收能力作为一个战略过程，直接影响组织的竞争优势，包括组织在战略上的灵活性、创新能力以及组织绩效等，认为潜在的吸收能力能够带来组织在战略上的灵活性，而现实的吸收能力能够产生产品和组织程序上的创新，明确提出吸收能力可以成为组织竞争优势的来源。

Gibson C.B.（2004）研究了组织的两面性：管理的有效性以及对环境变化的适应性，认为管理的一致性（alignment）有助于提高组织的短期绩效，而适应能力（adaptability）则有助于提高组织在长期内的竞争优势[①]。Wu L.Y.（2006）的

① Gibson C.B., Brikinshow J. The antecedences, consequences, and mediating role of organizational ambidexterity [J]. Academy of Management Journal, 2004, 47 (2): 209-226.

研究表明，组织动态能力可以直接影响组织绩效，是资源基础（包括企业家资源）发挥作用的中介变量①。徐二明、陈茵（2009），曾萍（2009）等中国学者的研究也得出了组织对知识的吸收能力与组织竞争优势之间正向相关的结论。

一些学者从组织绩效的不同角度研究了组织动态能力对组织绩效的影响。Mengue and Barker（2005）、Arthur and Basenitz（2006）、Leiponen（2003）分别通过实证研究验证了组织动态能力对组织的销售绩效、股票收益率、利润增长率等组织绩效指标的正向促进作用。陈卓勇（2006）的研究将组织动态能力区分为组织对外部知识的评估、匹配和学习能力，认为评估能力和匹配能力对组织成长性有显著影响，而学习能力则对组织成长性、营利性和可持续增长能力均有显著的正向影响。②

随着动态能力研究的深入，一些学者通过对动态能力对组织绩效的作用机制的研究，对动态能力能否为组织带来竞争优势的问题提出了质疑。Daniel and Wilson（2003）的研究表明，动态能力与组织绩效之间不存在直接的作用，不是动态能力，而是其所配置和调整的资源、结构，才是竞争优势和长期绩效的来源③。

K. M. Eisenhardt and J. A. Martin（2002）总结了理论界对动态能力的质疑，认为动态能力理论忽视了资源对竞争优势的作用机制，缺乏对动态能力与组织竞争优势关系的实证研究，并对动态环境中是否存在长期竞争优势提出了质疑。Eisenhardt and Martin 对动态能力做了重新定义，将其表述为“资源的使用过程（整合、重构、获取、释放）以配合甚而创造市场变化，是组织战略的常规化”，将动态能力作为一种战略过程，如产品开发、战略决策、资源重组、知识创造、联盟及并购等，并认为动态能力并不一定是组织竞争优势的来源。随着外部环境动态程度的不同，动态能力的可持续性也不同，在快速变化的环境中，动态能力呈现出简单性、经验性、非线性的特征，在这种情况下，动态能力是难以持续

---

① Wu L.Y. Resource, dynamic capabilities, and performance in a dynamic environment perceptions in Taiwan IT enterprises [J]. Information and Management, 2006, 43 (4): 447-454.

② Mengue, Baker. Re-examing field sales unit performance insights from the resource-based view and dynamic capabilities perspective [J]. European Journal of Marketing, 2005, 39 (7/8): 885-909.

③ Daniel, Wilson. The role of dynamic capabilities in e-business transformation [J]. European Journal of Information System, 2003, 12 (4): 282-296.

的。在适度变化的环境中，对竞争优势的破坏力量来自组织外部，而在快速变化的环境中，对竞争优势的破坏不仅来自组织外部，而且包括内部能力遭到破坏的潜在危险。动态能力并不能成为组织可持续竞争优势的来源，可持续竞争优势来源于动态能力所配置的资源，因此，动态能力更适宜被作为一种资源的配置工具；动态能力是竞争优势的必要但不充分条件；动态能力的长期作用不宜被夸大，在动态环境中，更应当追求短期的竞争优势。

Winter（2003）也提出了“动态能力不一定能产生卓越绩效”的观点，认为应对外部环境变化可以有不同的方式：常规化的动态能力（routined dynamic capabilities），或者暂时的问题解决机制（ad hoc problem solving）。动态能力的培育需要组织对特定资源的长期投资，而且可能会产生过度搜索、对动态能力过度使用，以及对现有的一般能力的侵蚀。同一个行业中的竞争者在相似的竞争环境中往往逐渐培养出相似的能力，具有相似动态能力的企业对外部机会的争夺往往会抵消机会能够产生的创新租金，并且可能导致参与者难以发现和利用潜在的市场机会（market niche）。因此，主张将动态能力作为对应组织现有能力、一般能力过时的一种防御手段。

基于以上研究成果，本书提出关于组织吸收能力与组织绩效的关系的假设如下：

H3：组织吸收能力与组织绩效间存在正向相关的关系。

H3a：知识获取能力与组织绩效间存在正向相关的关系。

H3b：知识消化能力与组织绩效间存在正向相关的关系。

H3c：知识转化能力与组织绩效间存在正向相关的关系。

（四）组织吸收能力的中介作用

对外部信息的自然反应并不能直接转化为组织的适应能力。外部信息需要经过处理，才能成为组织的“知识”，并进一步具体化为组织发展的方向、路径和方式（马丁·弗朗西斯，1993）。组织的吸收能力正是外部信息转化为组织知识的中介。Wu L.Y.（2006）的研究表明，动态能力直接影响组织绩效，是资源基础（包括企业家资源）发挥作用的中介变量。Daniel and Wilson（2003）认为，在动态环境中组织资源、结构的动态调整，是竞争优势和长期绩效的来源，而组织资源、结构的调整是组织对外部信息反应的结果，这一结论也表明了组织对外部信息的吸收能力在组织资源、结构适应性与组织绩效关系中的中介作用。张建东（2005）通过对组织动态能力与组织绩效关系的研究，得出了动态能力是一种通过其二期能力影响组织绩效的中介变量的结论。①

基于以上研究成果，本研究提出关于组织吸收能力在组织战略适应性与组织绩效关系中的中介作用的假设如下：

H4：组织吸收能力对组织战略适应能力与组织绩效的关系存在中介作用。

H4a：知识获取能力对组织战略适应能力与组织绩效的关系存在中介作用。

H4a1：知识获取能力对组织资源灵活能力与组织绩效的关系存在中介作用。

H4a2：知识获取能力对组织协调灵活性与组织绩效的关系存在中介作用。

H4b：知识消化能力对组织战略适应能力与组织绩效的关系存在中介作用。

H4b1：知识消化能力对组织资源灵活性与组织绩效的关系存在中介作用。

H4b2：知识消化能力对组织协调灵活性与组织绩效的关系存在中介作用。

H4c：知识转化能力对组织战略适应能力与组织绩效的关系存在中介作用。

H4c1：知识转化能力对组织资源灵活性与组织绩效的关系存在中介作用。

H4c2：知识转化能力对组织协调灵活性与组织绩效的关系存在中介作用。

三、技术范式对战略适应能力与组织绩效关系的调节

安索夫（1988）在对组织柔性战略理论的研究中，特别强调了组织外部环境变化的程度对组织柔性战略的实施效果的影响，提出组织在培育其战略柔性时，应注意以下几个方面的问题：首先，组织外部环境动荡程度作为“控制企业战略成败的驱动变量（driving variables）”，影响组织柔性战略的实施以及发挥作用的

① 张建东. 企业动态能力与跨期绩效关系研究［D］. 复旦大学博士学位论文，2005.

效果；其次，组织战略必须根据环境的变化程度进行适时的调整，强调组织战略的“进取性”；最后，除组织战略之外，组织的管理能力也必须随环境变化做出适时调整，这是影响组织战略效果的另一个重要因素。

(一) 技术范式的内涵界定

技术范式是对组织面临的技术环境的一种刻画。Dosi（1982）为解决创新动力机制中“技术推动”与“市场拉动”的争论，在借鉴库恩提出的“科学范式”概念的基础上，提出了“技术范式”和“技术轨道”的概念，将技术范式定义为“对技术问题的一种展望，包含一系列方法（程序、步骤）的集合、对相关问题的界定，以及涉及解决方案的特定知识”。对同一个技术问题往往存在多种解决方案，因此，技术范式并不是唯一的。Dosi 认为，影响技术范式选择和演化的因素很复杂，其中包括市场因素、制度因素以及技术范式发展的路径依赖等，行业中的市场结构、市场参与者的经济利益、参与者的技术背景以及外部环境中的制度因素都会影响技术范式的选择。

Nelson and Winter（1982）用“技术规制（technological regimes）”的概念来描述组织所处的技术环境，认为技术规制是技术机会（technological opportunities）、收益可获得性（profit appropriability）、技术知识的累积性（acumulativeness）等因素的集合，并研究了技术规制的这些特征如何导致不同行业的演化方式的差异。Winter（1984）进一步提出技术范式选择和演化过程中“知识搜寻模式”和“新知识来源”的因素，指出新知识的搜寻过程具有明显的经济特征，受到成本、生产力、投入等因素的制约。新知识的来源有三种：模仿、对外部环境信息的收集、消化吸收以及组织的内省，对不同行业和技术范式来说，获取新知识的三种途径的相对重要性存在很大差异，进而会影响技术规制的选择和演化机制。

Malerba and Orsenigo（1993）沿着 Dosi、Nelson and Winter 的研究思路，对技术范式及其组成因素做了更深入、细致的界定，将技术机会从“创新的难易程度”和“创新技术的普及性（技术多样化应用的程度）”两个方面进行了界定；将收益可获得性界定为“对创新的保护”和“创新利润的独占性”；将知识基础的累积性定义为“目前的创新构筑对未来创新的壁垒”。在以上三个因素之外，Malerba and Orsenigo 又提出了“知识基础（property of knowledge base）”这一因素，认为知识基础的“默会程度”和“复杂程度”也是构成技术范式的重要维度之一。中国社会科学院创新发展研究小组（RUID）在 Malerba and Orsenigo（1993）对技术范式内涵界定的基础上，对技术范式的四个组成因素进行了进一步细化（见表 3-1）。

表 3-1　技术范式的四个维度

技术机会	技术可收益性	知识累积性	知识基础
技术扩散性	可收益水平	技术层面	知识的内在属性
技术多样性	保护手段	企业层面	知识转移的手段
机会来源		部门层面	

资料来源：中国社会科学院创新发展研究小组（RUID2009）。

综合上述研究成果，本书着重在企业组织层面上对技术范式的组成因素进行重新构架，鉴于技术知识的累积性特征与知识基础的密切联系（Malerba and Orsenigo，1993），将技术的累积性和知识基础的特征合并为“技术累积性”，将组织面临的行业技术范式界定为“技术机会”、“技术收益可获取性”、“技术累积性”三个组成因素。

（二）技术范式变革环境下组织在战略上的适应

技术范式变革导致的环境变化为组织成长提供了机会。那些能够首先识别技术机遇并利用这种技术机会产生重大技术创新的公司能够获得更快的成长（Malerba、Orsenigo、Nelson and Winter，2008）。一方面，技术变革对组织目标市场选择、资源组织方式、组织知识和能力等问题产生了重要影响（Dosi，1982；Nelson and Winter，1992；Malerba and Orsenigo，1993，1996；Teece、Pisano and Shuen，1997）；另一方面，组织制度也影响了组织对技术变革的反应（Abernathy and Utterback，1978；Henderson and Clark，1990；Winter，1984）。

1. 组织对目标市场的选择

不同的技术范式意味着不同的细分市场。行业中出现新的技术范式时，企业需要面临重新定义目标市场的战略选择。特定技术的发展是存在极限的（Foster，1984），而且技术的发展遵循特定轨迹（Nelsen and Winter，1977；Dosi，1982）。那么，组织如何做出是否采用新技术范式（将新技术商业化）以及何时采用新技术的战略决策？

技术范式对组织现有资源、能力和组织惯例存在"路径依赖"，这使得具备一定技术能力和知识基础的企业往往难以识别新的技术变革和市场机会。技术范式的路径依赖特征虽然有利于企业进行持续的工艺改进，但同时也阻碍了组织向新技术范式的转换。Tushman and Anderson（1990）提出了"为什么成功企业往往拒绝过渡到新技术"的问题，他们发现，主导设计出现以后，企业往往停止投资于研发替代性技术，而代之以提高与主导设计相关的企业竞争力[①]。Henderson and Clark（1990）的研究发现，随着企业内部运作规范和企业能力与主导设计的结合越来越紧密，企业就变得越来越难以识别主要结构的创新，而且难以对这样的创新作出反应。

在"组织是否应当进入新市场"的问题上，由于技术范式中技术和经济的双重特征以及技术范式本身路径依赖的特点，组织在技术范式选择中必须考察技术机会、技术收益分配等技术本身的因素（Teece，1986；Nelson and Winter，1982；Winter，1984；Malerba and Orsenigo，1993，1996，1999）、组织现有的资产和能力与新技术范式的匹配程度（Schumpeter，1950；Nelson and Winter，1977；Tushman and Anderson，1990；Henderson and Clark，1990；Malerba and Orsenigo，1993），以及市场竞争程度、市场规模等制度性因素（Dosi，1982）。技术收益可获得性（appropriability）是影响组织"是否将新技术商业化"的重要因素。Teece（1986）研究了创新收益在创新者、跟随者（包括模仿者）、供应商、销售商等市场参与者之间的分配问题，提出了影响创新收益分配机制的三个基本因素：技术的收益性特征、辅助性资产及主导设计。技术的收益性特征取决于技术的默会性、模仿的难易程度以及法律保护机制的效率；主导设计的出现影

① Tushman，Michael L. and Philip Anderson. Technological discontinuities and dominant design：a cyclical model of technological change [J]. Administrative Science Quarterly，1990，35：604-644.

响了竞争的方式以及创新收益在创新者和模仿者之间的分配；辅助性资产，如分销渠道等，是创新商业化成功的重要因素。Christensen and Rosenbloom（1995）的“价值网”理论对新技术范式的技术机会进行了研究。该理论认为，企业面对“是否采用新技术”的决策时需要解决两个方面的问题：第一，新技术的性能特征在现有价值网中是否被重视？即新技术是否符合该价值网的价值评估标准？第二，新技术能否被应用于其他价值网或创造新的价值网来实现其价值？不同于Dosi（1982）等从技术供给角度对技术范式和技术路径的理解，Christense、Rosenbloom从技术需求的视角提出了技术的两种范式，即能够满足最终用户需求的范式和路径以及技术所能够达到的范式和路径。这两种范式和路径是相互独立的，二者之间的差异决定了新技术应用于现有价值网还是其他价值网，也决定了创新者是否拥有对在位企业的优势。

另外，配套产业的完善程度、进入壁垒强度等行业特点以及新范式的创新程度都会对组织是否进入新市场的决策产生重要影响。Shamsie（1999）、Phelps and Kuperman（2003）认为配套产品的可获得性和质量稳定性对创新技术的市场价值产生很大影响。新市场进入壁垒的强度也是影响企业进入决策的重要因素，在进入壁垒较高的市场中，及早进入可以在品牌、市场份额、技术标准、分销渠道等方面产生优势[①]。Foster（1986）、Christensen et al.（1992，1995）等学者研究了技术的创新程度对市场是否接受创新产品的影响，当新技术相对于现有技术或不同路径的技术有根本性的提高时，新技术将能够迅速取得顾客响应[②]。

组织对目标市场的选择不仅是“是否进入新市场”的问题，也是“何时进入”的问题，即进入时机的选择。Mitchell（1989）、Suarez and Utterback（1995）考察了进入时机对企业生存机会的影响，认为技术作为一种动态的战略要素会影响企业的生存机会。企业的生存机会受行业“人口密度”即企业数量的影响，主导设计的出现会大大改变行业内企业的数量，因此，行业的人口密度与技术变迁

---

① Miller D., Shamsie J . Strategic response to three kinds of uncertainty: product line simplicity at the hollywood film studios [J]. Journal of Management, 1999, 25 (1): 97-116.

② C. M. Christensen. Exploring the limits of the technology S -curve [J]. Product and Operations Management, 1992 (fall): 334-366.

的进程密切相关。在主导设计出现之前尽早进入，可以使企业获得“市场试验”的时间，获取市场知识、双向相关性资产（collateral assets）和规模经济，提高生存概率。[①] Thum（1994）、Katz and Shapiro（1986）等学者认为，如果行业存在较强的学习效应和网络外部效应，则行业中就会较快地出现主导设计，而不会选择多种技术范式并存，及早进入新市场并成为行业技术标准制定者会带来较强的竞争优势。但早进入者往往形成在位者惰性，如过分关注现有顾客需求，忽略潜在需求等。

2. 技术范式变革对组织边界的影响

组织边界问题实质上是组织的关键性资产和辅助性资产的组织方式问题。在技术范式变革过程中，企业为适应新的技术范式带来的影响，通常会调整价值活动的组织形式，导致组织边界产生变化。近年来，学者们分别从互补性资产、知识和能力、技术范式的属性、顾客的技术需求等角度研究了技术范式变革对组织边界产生的影响。

交易成本理论从资产专用性、交易不确定性和交易频率的角度分析了一体化与专业化的权衡，但由于该理论假设技术/能力是不变的，对技术创新环境下企业边界的变动缺乏解释力。在资产专用性理论基础上，Teece（1986，1992），Teece、Pisano and Shuen（1997）研究了创新收益的分配问题，区分了三种不同类型的互补性资产，以及新进入企业和在位企业基于互补性资产的合作。新进入者和在位企业在互补性资产占有上的差异导致二者在技术范式变革中均存在合作激励。新进入企业为了获取新技术商业化必需的互补性资产，在前向整合困难的情况下，具有与在位企业合作的强烈动机；而在位企业为了在高度不确定环境中内部化新的技术范式，最大化新技术的期权价值，保持现有的市场地位，避免在研发、销售等活动中的重复投资，也倾向于选择与技术创新者的合作（薛红志、张玉利，2006）。

企业的一体化或专业化行为可以用企业能力的学习和积累来解释（Teece、

① F.F. Suarez and James Utterback. Dominant designs and the survival of firms [J]. Strategic Management Journal，1995，16：415-430.

Pisano and Shuen，1997；Dosi，1982；Malerba、Nelson、Orsenigo and Winter，2008），这种观点认为知识/能力的独特性和难以模仿性决定了企业的异质性，而知识/能力在上、下游企业间的分布是企业纵向一体化或专业化的主要原因。Malerba、Orsenigo、Nelson and Winter（2008）通过对半导体和计算机两个紧密纵向相关行业的考察，描述了半导体行业的发展和需求状况如何影响了计算机行业的市场结构及纵向一体化程度。在产品是由不同组件和系统组成的情况下，协调整合这些组件和子系统的能力，即一体化优势，成为企业竞争优势的重要来源。企业能力是在特定的技术和市场领域内知识能力的积累，以及对配件和系统的协调整合能力。因此，企业能力不是孤立的，而是与相关产业参与者有关的。技术变革导致知识和能力在上下游企业间重新配置，导致行业价值链以及企业边界的变动，并提出了影响企业一体化/去一体化的主要因素：企业规模、市场规模、纵向相关行业的市场结构以及技术发展的连续性和突破性。

技术范式本身的属性也是影响组织边界的因素之一。Malerba and Orsenigo（1993，1999）的研究发现，在技术变革频繁的行业，组织技术范式的优劣程度决定了一体化或专业化的战略选择，该研究从技术机会及知识基础的复杂性两个方面研究了技术范式对企业资产组织形式的影响，如图 3-1 所示：

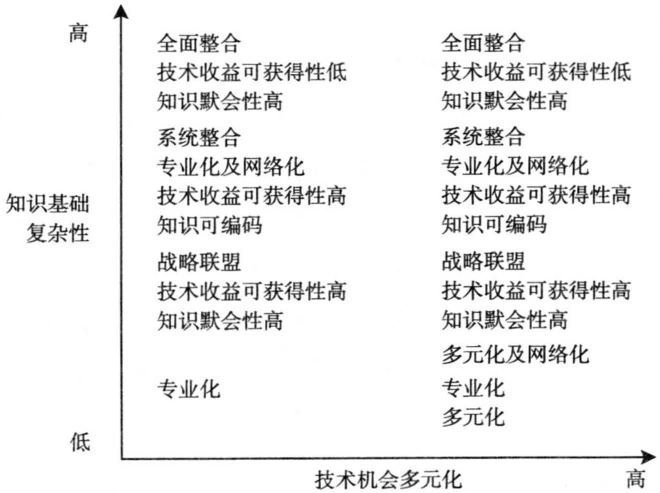

图 3-1　技术范式对企业资产组织形式的影响

资料来源：Malerba，F. and L. Orsenigo. Technological regimes and firm behavior［J］. Industrial and Corporate Change，1993，2（1）：45-71.

Christensen and Rosenbloom（1995）、Bower and Christensen（1996）从技术需求的角度研究了技术变革中产业价值网络的整合，认为一体化还是专业化取决于现有技术性能与市场需求的比较。如果现有产品性能未能满足顾客需求，那么纵向一体化产生的规模和范围优势有利于技术性能的改进和创新。如果现有技术功能已经超出顾客需求，技术改进和创新便难以再转化为利润；相反，速度、效率等工艺上的创新会成为企业竞争优势的来源。Christensen et al.还从行业价值链演化的角度分析企业的外包行为，强调业务自产（in-house）还是外包不仅与企业的能力有关，更应当与企业的发展战略匹配。

3. 技术范式变革与组织能力

组织是拥有特定能力的组织，组织能力存在于组织决策、运行的惯例中，而组织能力与惯例的形成是一个不断学习、演化的过程，这种过程同时具有“创新”和“路径依赖”的特征（Schumpeter，1950；Penrose，1954；Nelson and Winter，1982；Teece、Pisano and Shuen，1997）。组织能力演化中的战略问题是如何开发新竞争力、改良现有竞争力，用难以模仿的流程和路径来提供有价值的产品和服务的问题。但组织能力的“黏性”以及组织的“内在一致性”使得组织能力不仅来自于组织以往的实践，而且其演化路径受到组织既有知识、技能以及互补性资产的约束。

外部技术范式变革对组织能力的影响首先体现在新技术范式提供的技术机会。技术变革导致的环境变化为企业带来机遇和威胁，那些能够首先识别技术机会并利用这种技术机会产生重大技术创新的公司能够获得更快的成长。外部环境中的技术机会并不完全是外生于组织的，这不仅因为组织有能力参与新技术范式的研究、开发和利用，而且机会的确认往往受组织现有知识技能、市场位势、资产结构等组织因素的影响，因此，新技术范式提供的技术机会在很大程度上是属于特定组织的，并依据组织现有能力与新技术范式的匹配程度不同，对企业现有的能力产生加强或削弱的作用。Tushman and Anderson（1985）将技术创新区分为能力提升型创新和能力破坏型创新，认为后者需要全新的知识和能力，往往由新进入者发起，增加了环境的动荡性，而前者基于现有的知识和能力，往往由在位企业发起，能够降低环境的动荡性。Henderson and Clark（1990）认为创新依其程度不同从组件和结构两个方面加强或削弱了组织能力，渐进式创新从组件和结构两个方面加强了组织能力，而根本性创新则从两个方面削弱了组织能力。

技术范式变革视角下对组织能力的研究主要着眼于组织能力的动态演化。在技术范式变革的过程中，如何识别外部技术环境的变化，从外部环境中获取有价值的知识，并与组织现有的知识进行整合、吸收，是组织获取竞争优势、获得高水平绩效关键的一步。Teece、Pisano and Shuen（1997）将动态能力定义为“组织与管理过程、位势和路径”；Eisenhardt and Martin（2000）在 Penrose、Teece 研究的基础上，将动态能力定义为“企业使用资源的过程，特别是企业整合、重构、获取以及释放资源以应对市场变化甚至创造市场的过程”。在非线性的、难以预测的技术范式变革的环境中，组织为了创造和抓住新的技术机会，必须建立适应新的资源与能力结构的战略和管理惯例。在组织动态能力的形成机制方面，学者们从不同的角度进行了研究。Helfat and Peteraf（2003）提出了能力生命周期理论，把组织能力发展分为初始阶段和分化阶段，初始阶段是指组织初始能力的形成、发展和成熟的过程。当组织的初始能力遇到能力威胁和外部机会时，就会产生分化。当技术范式变革发生时，组织对其初始能力进行更新、重组，重新配置，以适应新的技术和市场环境①。Zott（2003）从资源管理过程的角度研究了技术变革中组织能力的动态演化过程，把资源结构的变化分为变革、选择和保留三个过程②。Lavie（2006）提出了能力重构理论，将组织能力的重构区分为演化、转变和替代三种模式，组织能力重构模式的选择与组织的能力差距有关，能力差距是指组织现有的能力结构与技术范式变革后组织要实现机制最大化所需要的能力结构之间的差距。能力差距越大，能力重构的幅度就越大，组织进行全面的能力替代的必要性也就越大③。

---

① Helfet C.E. and Peteraf M.A. The dynamic resource-based view: capability recycle [J]. Strategic Management Journal, 2003, 24: 997-1010.

② Zott C. Dynamic capabilities and the emergence of intraindustry differential firm performance: insights from a simulation study [J]. Strategic Management Journal, 2003, 24: 97-125.

③ Lavie D. Capability reconfiguration: an analysis on incumbents responses to technological change [J]. Academy of Management Review, 2006, 31: 153-174.

4. 组织制度影响组织对技术范式变革的反应

组织制度是组织在长期运行中形成的组织结构、规则、程序等。组织制度包括组织资源的配置方式、知识管理方式、信息沟通渠道、问题解决机制等，这些“规则和惯例”决定了组织资源、能力的获取、整合、重构和分配，从而影响组织对技术范式变革的反应。

Henderson and Clark（1990）从技术变革的层次角度研究了组织制度对技术变革的反应，认为技术范式变革存在不同的层次，提出了技术变革的层级理论。产品包括组件和结构（组件的组织形式）两个层次。组件体现了产品的核心技术，而结构则定义了组件相互作用的方式。根据创新在结构和组件方面的变化将创新分为四种类型：改进式创新、模块式创新、结构性创新及根本性创新。在此基础上，Henderson、Clark 考察了组织结构、惯例等组织特征与不同层次的技术变革的关系，认为组织结构能够推动组件层面的创新，但当面临结构性技术变革时，则阻碍了交流和创新，结构性创新是造成在位企业失败的主要原因，原因在于结构性知识内含于组织的惯例中，组织的沟通渠道、信息过滤、解决问题的机制都影响组织管理结构性知识的方式。因此，在位企业需要大量的资源投入来识别结构性创新，并实现从在稳定结构中“组件优化导向”向变化环境中“主动寻求解决方案”的转变。

作为不同的变革主体，新进入者与在位企业对技术范式变革的应对方式存在差异。很多学者从技术变革的主体入手，研究了在位企业面对技术范式变革的困境（Nelson and Winter，1977；Henderson and Clark，1990；Malerba and L. Orsenigo，1993，1996，2008；Dosi，1982；Foster，1984）。Clark（1985）的研究发现，组织在长期的决策过程中往往形成一种“先入为主的决策”，而一旦关键性决策是建立在组织惯例而非具体情景基础上时，组织应对新技术的能力就会受到限制。企业知识基础和能力的累积性使得成熟企业在现有知识体系基础上的技术改进型创新更加有力，而当技术变革要求企业具备完全不同的知识体系时，成熟企业处于劣势[①]。R.Foster（1984）认为在位企业失败的原因在于技术的断层，即新技术取代旧技术的过渡时期。在新技术取代旧技术的过程中，在位企业的企业文化、技术傲慢（现有技术的优良性能）、对现有顾客需求的专注等导致了企业对市场变化的忽视，从而导致了新进入者从低性能、低价格、低利润的利基市场逐渐渗透到主流市场，取代在位企业。

在位企业在长期运行中形成的制度、知识和能力基础往往演变成应对外部环境变化时的“惰性”，导致在位企业在技术变革，尤其是突破性技术变革时面临困境。在位企业面对技术范式变革时的惰性来源于两个方面：资源分配刚性和资源使用刚性（Bower and Christensen，1996；G. G. Clark，2005）。前者是指投资模式的刚性；后者是指使用资源过程的刚性。资源投资刚性的原因有两点：资源依赖和现有位势的再投资激励。前者是指组织外部的资源提供者，如资本市场、顾客等，对组织内部战略性投资的约束；后者是指保持现有市场位势的激励。资源使用刚性的原因有三点：一是组织程序往往与某种特定的环境相匹配，故难以改变；二是设计组织惯例的初衷与惯例执行者是分离的；三是组织惯例是一种根深蒂固的认知，而且这种认知往往是默会的。因此，管理者面对挑战，往往依赖一种即习的结构化的反应模式，而不是寻求新的方式[②]。

在位企业陷入技术范式变革困境的另一个原因是变革的激励不足。Kim B. Clark（1985）、Henderson and Clark（1990）、Suarez and Utterback（1991）的研究认为，一旦新的技术范式确立，组织的关注重点就会转向改进型创新，以提高产品性能、降低成本，获取竞争优势。在位企业逐步形成有利于组件层面（而非结构层面）的创新的组织结构和惯例，逐步削弱在开发新技术范式方面的能力，因为它们在成熟市场上的位势削弱了结构性创新的激励，在这种意义上，改进型创新是一种自我限制（self-limiting）的创新形式。

Christense and Rosenbloom（1996，2001）从价值网的角度评价在位企业应对技术变革的劣势。在对新技术的价值评估中，新技术不同性能指标的重要性排序

① Kim B. Clark. The interaction of design hierarchies and market concepts in technological evolution[J]. Research Policy，1985，14：235-251.

② Gilbert G. Clark. The disruption opportunity [J]. Sloan Management Review，2003，44（4）：27-32.

在不同网络中是不同的；企业在某一特定价值网中的位势影响了其发掘新技术的机遇；企业与其所在的价值网是联合演化、相互适应的，在既定网络中，企业开发新技术、新市场（新的价值网）的激励会萎缩，现有价值网会对企业形成流动障碍。因此，决定在位者劣势和创新者优势的关键在于对新技术在新的价值网络中的市场价值的评估，以及确认新技术并对其做出战略承诺的能力。

通过对以上文献的分析，技术范式对组织的目标市场、市场结构、竞争程度、资源组织方式以及组织的知识、能力状况都产生了较大影响。作为组织外部环境的一种主要因素，技术范式变化的程度、变化的层次会影响组织的资源、能力、知识的使用方式和效果，进而影响组织绩效。基于以上分析，本书提出关于技术范式在组织战略适应能力与组织绩效关系中的调节作用的假设如下：

H5：技术机会变化程度较高时，组织战略适应能力与组织绩效间的正向相关性较强，技术机会变化对组织战略适应能力与组织绩效的关系有正向调节作用。

H5a：技术机会变化程度较高时，资源灵活性与组织绩效间的正向相关性较强，技术机会变化对资源灵活性与组织绩效的关系有正向调节作用。

H5b：技术机会变化程度较高时，协调灵活性与组织绩效间的正向相关性较强，技术机会变化对协调灵活性与组织绩效的关系有正向调节作用。

H6：技术收益可获得性变化程度较高时，组织战略适应能力与组织绩效间的正向相关性较强，收益可获得性变化对组织战略适应能力与组织绩效的关系有正向调节作用。

H6a：技术收益可获得性变化程度较高时，资源灵活性与组织绩效间的正向相关性较强，收益可获得性变化对组织资源灵活性与组织绩效的关系有正向调节作用。

H6b：技术收益可获得性变化程度较高时，协调灵活性与组织绩效间的正向相关性较强，收益可获得性变化对组织协调灵活性与组织绩效的关系有正向调节作用。

H7：技术累积性变化程度较高时，组织战略适应能力与组织绩效间的正向相关性较强，技术累积性变化对组织战略适应能力与组织绩效的关系有正向调节作用。

H7a：技术累积性变化程度较高时，资源灵活性与组织绩效间的正向相关性较强，技术累积性变化对组织资源灵活性与组织绩效的关系有正向调节作用。

H7b：技术累积性变化程度较高时，协调灵活性与组织绩效间的正向相关性较强，技术累积性变化对组织协调灵活性与组织绩效的关系有正向调节作用。

第四章　研究设计

本书在文献分析的基础上，提出了研究的主要问题，开发了有待验证的假设，并构建了本研究的理论框架。本章将基于前文的假设和研究框架，提出具体的理论模型和研究的具体方案；对“技术范式”变量进行量表开发，并在前人学者研究的基础上确定“战略适应能力”、“吸收能力”、“组织绩效”量表；对所使用的量表进行信度和效度检验，并确定问卷结构和问卷调查程序。

一、理论模型

战略管理的核心命题是如何创造并维持可持续发展的竞争优势。组织的战略适应性被认为是组织在动态环境中获取和保持竞争优势的重要来源。战略适应性理论从“环境的动态特征”和“针对动态环境的资源、能力的获取、吸收与整合”两个方面来认识组织在动态环境中的战略管理，既强调动态环境对组织的影响，又强调组织对动态环境的适应，而环境的动态性很大程度上是技术范式的动态变革。基于以上逻辑，在对“技术范式变革环境中组织的战略适应能力”的研究中，本书主要研究以下几个问题：

第一，组织的战略适应能力与组织绩效的关系，组织的战略适应能力能否提高组织的绩效？

第二，战略适应能力对组织绩效的作用机制，组织战略适应能力与组织绩效间的关系是如何发生的？

第三，如何认识和评估环境的动态变化，将技术范式作为组织环境动态分析的核心变量？如何刻画技术范式变化的方向和程度？

本书将组织的战略适应能力作为自变量，将组织绩效作为因变量，研究组织战略适应能力与组织绩效的关系、战略适应能力对组织绩效的作用机制（组织吸收能力的中介作用），以及技术范式变革程度对战略适应能力—组织绩效之间关系的调节作用。以下是本书的研究模型，如图 4–1 所示：

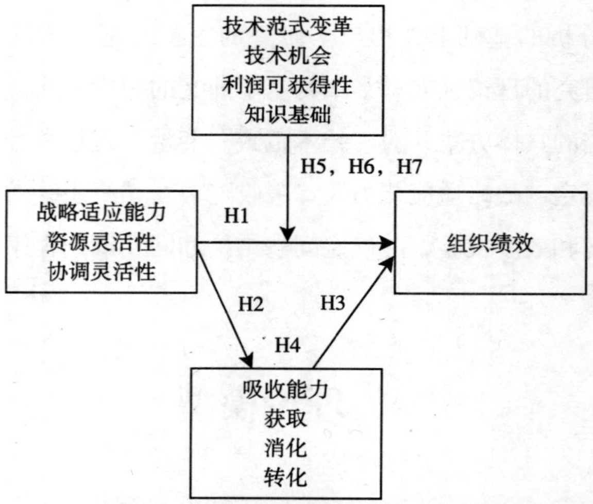

图 4–1 技术范式变革背景下组织战略适应能力的研究模型

二、量表开发与量表确定

本研究的理论模型包括四个变量：自变量为组织的战略适应能力，因变量为组织绩效，组织吸收能力为中介变量，技术范式为调节变量。四个变量中，除技术范式变量需要进行量表开发外，其他变量的量表均采用现有文献中已经使用过的较为成熟的量表。

（一）技术范式量表开发

将“技术范式”作为组织外部环境的重要组成部分，学者们对这个问题的研究集中在两个方面：技术范式变革的程度和维度，以及技术范式变革对行业结构的影响。现有文献和研究主要从宏观和行业层面研究技术范式变革产生的影响，但是缺乏从微观角度对“技术范式变革对组织战略和行为的影响”的研究；此外，在“技术环境变化对组织战略和行为的影响”的企业组织层面的研究中，缺乏对“技术范式变革”的深入细化，只将“技术范式”作为一个笼统的外部环境变量进行研究。本书要研究技术范式变革过程中不同维度和程度上的变革对组织战略和行为的影响，就需要在组织演化理论的指导下，结合国内外相关文献中对技术范式的内涵以及结构的研究结论，设计技术范式量表，进行实证研究。

本书在第三章回顾了以往文献中对“技术范式”的内涵以及结构的研究成果，并界定了本研究中技术范式的内涵和构成因素，本章在此基础上进行量表的设计和预测试，运用探索性因子分析和验证性因子分析对所开发的量表进行检验。

1. 技术范式量表设计与预测试

现有文献研究中缺乏组织层面对技术范式变革的系统的实证研究，但对技术范式的不同组成因素的测量却散见于学者们对技术范式的研究中。本研究对技术范式量表的设计主要参考了学者们对技术范式内涵、层次结构、组成因素的描述，在此基础上借鉴前人学者对技术范式组成因素的测量，来开发该变量的初步量表。

本书通过三个步骤对技术范式量表进行了开发：首先，对现有文献中有关技术范式的研究成果进行了较为全面的收集和分析，找出其中包含的尽可能多的测项。Nelson and Winter（1982）、Winter（1984）、Malerba and Orsenigo（1993）提出了技术范式的定义并逐步完善了对技术范式内涵和组成因素的界定。本研究借鉴 Malerba and Orsenigo（1993）对技术范式组成因素的研究结论，并在此基础上将技术的累积性和知识基础的特征合并为“知识基础”，从而将技术范式界定为“技术机会”、“收益可获得性”、“知识基础”三个维度。在技术机会这个组成因素上，中国社会科学院创新发展研究小组（RUID2009）将技术机会从“机会来源”、“技术扩散性”、“技术多样性”三个方面进行研究。Cohen and Levinthal（1989）提出了技术机会的两种来源：相关学科科学进步和来自其他产业的新知识，并认为与基础科学带来的技术机会相比，应用科学带来的技术机会的提高更能导致组织 R&D 投入的增加。Klevorick、Levin、Nelson and Winter（1995）认为技术机会有三种来源：科技进步、其他产业技术进步以及本行业技术进步的正向反馈，对不同行业中三种来源的强度进行了测量，考察了不同行业间 R&D 强度对技术进步的解释力，将 R&D 强度作为衡量技术机会的主要指标①。Levin（1981）在对组织吸收能力的研究中，提出了衡量技术机会的两个维度：科学发展与技术进步的相关性以及行业外知识对技术进步的重要性，其中，行业外知识来源包括设备供应商、原料供应商、顾客、政府机构、大学等。对“技术收益可获取性”因素的测量方面，Teece（1986）提出了影响创新收益可获取性的三个基本因素：技术的收益性特征、辅助性资产以及主导设计，指出企业应当在资产专用性程度、技术收益可获取性、专用资产重要性、技术拥有者（包括创新者和模仿者）和关键性资产拥有者的市场位势的评估的基础上，做出保护创新技术收益的战略选择。Levin（1981）在研究中通过评估组织获取和保护其竞争优势的措施的有效性来衡量技术收益的可获得性，用专利、保密、时机领先、规模经济、互补性资产来保证技术创新收益。对“知识基础”因素的测量方面，中国社会科学院创新发展研究小组（RUID2009）在对创新技术的研究中，从知识技术的累积性、知识的内在属性（默会性 、复杂性等）、知识转移的手段等方面进行测量。

其次，根据以上文献中提出的对技术范式变量的界定和测量方法，结合技术范式理论的经典概念和内涵界定，本书自行开发了部分测项，以弥补现有文献中测项的不足，形成初步的测项体系。

最后，请中国人民大学商学院的几个研究技术创新的博士生对测项进行了初步评估，征求他们对测项的意见。

① A. K. Klevorick，R. C. Levin，R. R. Nelson and S. G. Winter. On the sources and significance of industry differences in technological opportunities [J]. Research Policy，1995，24：185-205.

通过以上步骤，本书初步形成了包含 40 个测项的技术范式的初步量表，并在北京理工大学管理与经济学院 2010 级工商管理专业研究生中进行了预测试。通过对预测试回收的资料的初步分析，最终合并了 4 个测项，剔除 3 个测项，最终获得了 33 个测项。

2. 技术范式量表的因子分析

（1）测项纯化。通过对技术范式的内涵和层次结构的分析、综合，以及量表的设计和预测试本书获得了技术范式这一变量的初步量表。经过这些步骤获得的量表中的测项虽然在理论上和逻辑上具有合理性，但从统计学意义上来说，却不一定能够准确而稳定地测量变量。而通过测项纯化可以将其中不合适的测项找出来，经过进一步的筛选，最终形成一个较为稳定、可靠的量表。

测项纯化首先要保证量表的内容效度。本书选择了企业管理（工商管理）专业的 30 位硕士研究生和 MBA 学员对经过预测试以后的量表进行评价。首先将技术范式的定义、组成因子和获得的初步测项向这些评价者做了介绍，要求评价者将这些测项归类到技术范式的定义中，并计算各个测项在每个因子上的得分；然后根据各个测项对技术范式定义的反应程度，确定每个测项在整个量表中的权重，将得分加总，计算各个测项在每个因子上的得分，将得分超过 60%的测项保留[①]，共计 26 个。

在测项纯化的标准问题上，Yoo and Donthu（2001）认为，如果测项与总体的相关系数小于 0.4，且删除该测项后 Cronbach's α 值会增加，则该测项应当被删除[②]。Nunnally（1978）提出，如果旋转后因子负荷值小于 0.4 或者在两个或两个以上因子上的负荷值都大于 0.4，则应当考虑去除该测项。根据以上标准，将初步保留的 26 个测项筛除 6 个，剩下的 20 个测项形成了一个较为稳定、有效的量表。

---

① Schrieshiem C.A. and Hinkin T.R. Influence tactics used by subordinators: a theoretical and empirical analysis and refinement of the kipnis, schmidt, and wilkinson subscales [J]. Journal of Applied Psychology, 1990, 75: 246-257.

② Yoo, B.and Donthu N. Developing and validating a multidimensional customer-based brand equity scale [J]. Journal of Business Research, 2001, 25 (11): 1-4.

（2）探索性因子分析（EFA）与信度检验。因子分析（factor analysis）是一套用来简化测量项目、分析变量间的群组关系或者寻找变量背后共同的潜在关系的一种统计分析技术。Anderson（1988）建议，在发展理论的过程中，通过探索性分析建立模型，再用验证性分析去检验模型。例如，在一个样本中先用探索性因子分析找出变量的因子结构，再在另一个样本中采用验证性因子分析去验证，这种程序称为交叉证实（cross-validation）。这样可以保证量表所测特质的确定性、稳定性和可靠性。探索性分析都是从已有的数据中探索、发现客观规律，如方差分析、多元回归分析等。

验证性分析则不同，它是在探索性分析的基础上，经过推论和假设，形成关于一组变量之间相互关系的模型。本研究通过因子分析技术来检验变量的信度，将 258 份有效样本平分成两组，对其中的一组进行探索性因子分析（exploratory factor analysis，EFA），对另一组进行验证性因子分析（confirmative factor analysis，CFA）。

通过 SPSS 软件对 20 个测项的探索性因子分析显示（见表 4-1），KMO 值为 0.845，Bartlett 球形度检测的显著性水平（Sig.=0.00）小于 0.05，表示这些数据适宜做因子分析。前三个因子的特征值大于 1，且累积方差贡献率达到 60.414%(25.616+21.320+13.478)，即这三个因子对技术范式变量的解释度达到了 60%以上。

表 4-1 KMO 和 Bartlett 的检验

取样足够度的 Kaiser-Meyer-Olkin 度量		0.845
Bartlett 的球形度检验	近似卡方	628.673
	df	190
	Sig.	0.000

KMO 值：0.845

从碎石图的走势看（见图 4-2），从第三个因子开始，走势趋向平缓，说明用前三个因子来解释总变量是可取的。通过 Varimax 旋转，结果显示，20 个测项较好地归属于 3 个因子，且各个测项的因子负荷值都大于 0.5，因此，通过探索性因子分析，本研究将技术范式变量确定为 3 个解释因子，以及 20 个测项。

因子分析同时检验了变量组成因子的内部一致性和外部一致性，本研究中 3

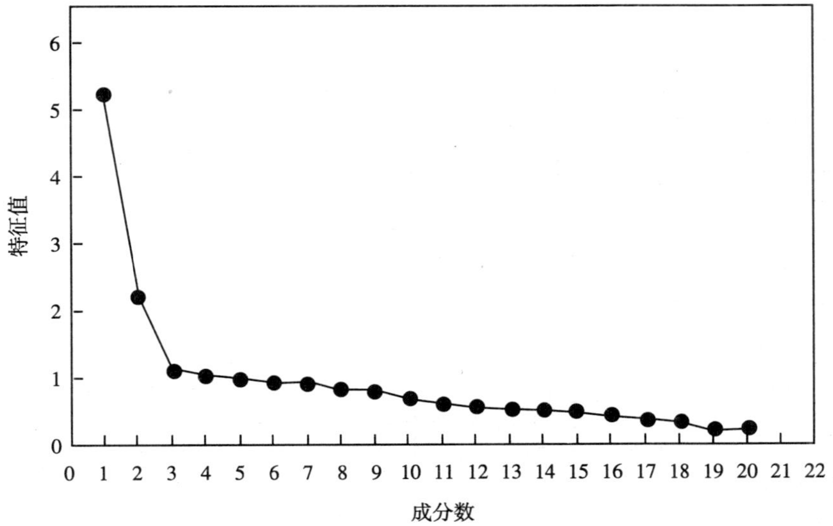

图 4-2　碎石图

个因子的 Cronbach's α 值均大于 0.7（0.795、0.760、0.735），而 20 个测项的 Cronbach's α 值均大于 0.7，表明数据具备较好的内部一致性；通过增加样本量以及将样本进行分群，来检验因子的外部一致性，分析结果同样是这 3 个因子，由此可见，将技术范式变量确定为 3 个组成因子是具有较高可信度的，见表 4-2。

表 4-2　技术范式变革 EFA 和 CFA 的因子负荷值

因子	测　项	EFA 负荷	总方差解释度	CFA 负荷
技术机会	行业内或相关行业基础科学的发展为公司的技术创新提供了丰富的知识	0.654	25.616% α = 0.795	0.786
	竞争者、供应商、销售商、顾客等利益相关者为公司的技术创新提供了丰富的知识	0.563		0.731
	公司所采用技术是通过与大学或研究机构的技术协议/合同，进行有目的的研发获得的	0.660		0.602
	公司所采用的技术提高了生产过程的效率，从而提高了公司利润	0.813		0.781
	公司所采用的技术提高了产品的性能表现，从而提高了公司利润	0.764		0.810
	公司所采用的技术提高了技术的产出，从而提高了公司的利润	0.692		0.788
	公司所采用的技术具有在不同的产品和市场上进行多样化应用的潜力	0.794		0.689

续表

因子	测　项	EFA 负荷	总方差解释度	CFA 负荷
收益可获性	公司所采用的技术具有强大的“先行者优势”，率先采用该技术可以形成强大的进入壁垒	0.580	21.320% α = 0.760	0.587
	专利保护可以避免公司技术遭到竞争者的复制	0.791		0.861
	专利保护可以保证公司对该技术的所有权收入	0.760		0.802
	公司可以通过其他保密措施避免技术遭到竞争者的复制	0.716		0.628
	公司现有的技术路线可以（通过迅速大规模生产等方式）快速降低生产成本，形成价格优势	0.541		0.512
	公司控制了新产品的营销、分销或售后服务等关键性辅助资产	0.616		0.664
知识基础	行业内或相关行业技术变化速度快	0.525	13.478% α = 0.735	0.502
	公司所积累的技术知识和能力在新技术面前变得过时	0.797		0.789
	公司所采用的技术路线融合了多个行业、多种学科的技术和知识	0.660		0.584
	公司所采用的技术不仅来源于 R&D 部门，而且是生产、营销、售后等多个部门知识的整合	0.634		0.510
	公司所采用的技术不仅来源于组织内部，大学及科研机构、供应商、零售商、顾客等也是公司技术知识的来源	0.519		0.567
	预测未来一段时间行业内技术发展的趋势很困难	0.751		0.757
	公司所采用的技术路线难以进行编码和书面说明，只有通过在公司内部的长期实践才能掌握	0.811		0.792

注：提取方法为主成分分析法，旋转方法为 Varimax。

（3）验证性因子分析（CFA）与效度检验。验证性因子分析是一个检验抽象概念或潜在变量是否存在，并且评估测量工具的信度、效度的统计工具。本研究对 258 份有效问卷的另一半进行验证性因子分析，样本数量为 129 份。通过 SPSS 软件对 20 个测项的验证性因子分析显示（见表 4-3），KMO 值为 0.837，Bartlett 球形度检验的显著性水平（Sig.=0.00）小于 0.05，表示这些数据适宜做因子分析。

表 4-3　KMO 和 Bartlett 的检验

取样足够度的 Kaiser-Meyer-Olkin 度量		0.837
Bartlett 的球形度检验	近似卡方	1.181E3
	df	190
	Sig.	0.000

KMO 值：0.837

共同度分析显示，被提取的主成分的方差贡献率均大于 0.5，表明因子对测量指标有较好的解释力，见表 4–4。

表 4–4 共同度

	Initial	Extraction
技术机会 1	1.000	0.587
技术机会 2	1.000	0.590
技术机会 3	1.000	0.610
技术机会 4	1.000	0.660
技术机会 5	1.000	0.692
技术机会 6	1.000	0.722
技术机会 7	1.000	0.541
收益可获性 1	1.000	0.576
收益可获性 2	1.000	0.785
收益可获性 3	1.000	0.739
收益可获性 4	1.000	0.582
收益可获性 5	1.000	0.582
收益可获性 6	1.000	0.685
知识基础 1	1.000	0.501
知识基础 2	1.000	0.622
知识基础 3	1.000	0.556
知识基础 4	1.000	0.530
知识基础 5	1.000	0.590
知识基础 6	1.000	0.636
知识基础 7	1.000	0.627

累积方差贡献率分析显示，前 3 个因子对变量的累积方差贡献率达到 61.784%，说明这 3 个因子包含了变量 61.784%的信息，因此，提取这 3 个因子来解释变量基本可以概括变量的含义，见表 4–5。

表 4–5 总方差解释

Component	Initial Eigenvalues			Extraction Sums of Squared Loadings			Rotation Sums of Squared Loadings		
	Total	% of Variance	Cumulative %	Total	% of Variance	Cumulative %	Total	% of Variance	Cumulative %
1	6.415	35.075	35.075	6.415	35.075	35.075	3.865	22.174	22.174
2	2.611	16.457	51.532	2.611	16.457	51.532	3.586	20.323	42.497

续表

Component	Initial Eigenvalues			Extraction Sums of Squared Loadings			Rotation Sums of Squared Loadings		
	Total	% of Variance	Cumulative %	Total	% of Variance	Cumulative %	Total	% of Variance	Cumulative %
3	1.750	10.252	61.784	1.750	10.252	61.784	3.325	19.287	61.784
4	0.982	5.062	66.846						
5	0.964	4.369	71.215						
6	0.924	3.519	74.734						
7	0.896	3.079	77.813						
8	0.834	2.971	80.784						
9	0.796	2.772	83.556						
10	0.727	2.533	86.089						
11	0.642	2.409	88.498						
12	0.579	2.104	90.602						
13	0.536	1.679	92.281						
14	0.484	1.421	93.702						
15	0.466	1.330	95.032						
16	0.458	1.288	96.32						
17	0.422	1.109	97.429						
18	0.375	1.076	98.505						
19	0.353	0.867	99.372						
20	0.306	0.628	100						

注：提取方法为主成分分析法。

通过对数据的 K-M Varimax 旋转，各因子对所解释的变量有较大的因素负荷量，转轴效果较为理想，见表 4-6。

表 4-6 旋转后的因素矩阵

	Component		
	1	2	3
技术机会 1	0.786	0.349	-0.011
技术机会 2	0.731	0.475	-0.019
技术机会 3	0.602	0.224	0.140
技术机会 4	0.781	0.070	-0.103
技术机会 5	0.810	0.258	-0.233
技术机会 6	0.788	0.080	0.023
技术机会 7	0.689	0.121	0.031
收益可获性 1	0.368	0.587	0.294
收益可获性 2	0.088	0.861	-0.168

续表

	Component		
	1	2	3
收益可获性 3	0.040	0.802	-0.119
收益可获性 4	0.139	0.628	0.157
收益可获性 5	0.230	0.512	0.363
收益可获性 6	0.447	0.664	0.164
知识基础 1	0.205	0.361	0.502
知识基础 2	-0.062	0.016	0.789
知识基础 3	0.320	0.242	0.584
知识基础 4	0.243	0.272	0.510
知识基础 5	0.250	0.302	0.567
知识基础 6	-0.045	0.031	0.757
知识基础 7	0.261	0.017	0.792

注：提取方法为主成分分析法。

本研究对技术范式变量的验证性因子分析还包括对因子之间拟合优度、聚合效度、区分效度的分析。通过对技术范式各因子的验证性因子分析，测量了变量的因子负荷量以及潜在变量之间的相关系数。其中，因子负荷量均大于 0.50，且其数值略大于探索性因子分析的结果，通过 t 检验，所有因子负荷量的 t 值均达到显著，说明该变量具备统计意义；在将潜在变量的因素变异数设置为 1 的情况下，各个潜在变量之间的相关系数均达到显著。

模型的聚合效度和区分效度是分别通过观察每个测量项目的因子负荷值和因子之间的相关系数得以验证的（见表 4-2 和表 4-7）。其中，各个测量项目的因子负荷值都高于 0.50（见表 4-2），表明各个观测变量可以用来测量相应的潜在变量，具有较好的聚合优度；而各因子之间的相关系数均小于或等于 0.547（见表 4-7），说明各因子之间具有较好的区分效度。

表 4-7　技术范式变革三因子之间的相关系数矩阵

		技术机会	收益可获性	知识基础
技术机会	Pearson 相关性	1	0.547**	0.458**
	显著性		0.000	0.000
收益可获性	Pearson 相关性	0.547**	1	0.429**
	显著性	0.000		0.000
知识基础	Pearson 相关性	0.458**	0.429**	1
	显著性	0.000	0.000	

注：** 表示在 0.01 水平（双侧）上显著相关。

本书对变量因子的拟合优度检验是根据以下原则进行的：①χ^2统计值：受样本量影响较大，样本量越大χ^2越大，$p>0.05$时较理想；②拟合优度指数 GFI：大于 0.90 时表示数据与模型拟合得好；③调整的拟合优度指数 AGFI：大于 0.90 时表示数据与模型拟合得好；④近似均方根误差 RMSEA：小于 0.05 时表示数据与模型拟合得好；⑤相对拟合指数 CFI：大于 0.90 时表示数据与模型拟合得好；⑥标准拟合指数 NFI：大于 0.90 时表示数据与模型拟合得好；⑦Tuker-Lewis 指数 TLI 或 NNFI：大于 0.90 时表示数据与模型拟合得好；⑧递增拟合指数 IFI：大于 0.90 时表示数据与模型拟合得好①。

通过因子拟合优度分析，该模型的拟合指数如下：

表 4-8 拟合指数——技术范式

χ^2/dy	GFI	AGFI	RMSEA	CFI	NFI	NNFI	IFI
1.98	0.902	0.913	0.051	0.914	0.862	0.910	0.938

以上统计分析结果显示，GFI、IFI、NNFI、CFI 值均大于 0.90，RMSEA 值虽然略大于 0.05，但小于 0.06（Philip and Gregory，2006），说明变量结构具有比较理想的稳定性和合理性。

（二）其他量表的确定

本研究为确保量表的可靠性和有效性，在量表采用上尽可能地使用本研究领域内已经使用过的量表，根据本研究使用的方法和研究目标，将量表进行整合、发展，形成本研究中具有适用性和可操作性的量表。在使用的量表中，战略适应能力、组织绩效、吸收能力量表是通过对已有文献中已经使用的成熟量表加以整合形成的，属于较为成熟的量表。其中，战略适应能力量表使用了 Sanchez（1995）、Wang and Ahmed（2007）、Gibson and Brikinshow（2004）以及 Zhou and Wu（2010）的研究中使用的战略适应性/战略灵活性量表；吸收能力量表则是对 Cohen and levinthal（1990）、Zahra and George（2002）、Tsai（2001）、Chen

① 亓莱滨，张亦辉，郑有增，周朋红，杨云. 调查问卷的信度效度分析 [J]. 当代教育科学，2003，11：15-18.

(2004)的研究中的量表加以整合形成的；组织绩效量表则采用了 Wang and Satow (1994)的量表，并进行了修订。

调查问卷在正式投放之前，本书对所有量表进行了小规模的预测试，根据被测试者的反应和提供的意见，对有关文字表达等问题进行了修改。

三、调查程序及样本介绍

(一) 调查程序

由于本书的问卷主要来自英文文献，为最大限度地减少文字翻译过程中对语义的损害，本书按照通行的方法，对问卷进行了互译处理。一位企业管理专业在读研究生和一位英国企业工作人员对所有量表的测量指标进行了英汉互译，我们对翻译结果进行了比较，对其中出现的较大差异进行了沟通、修正，最后在文字上进行润色，使之尽量符合中文的语言习惯和表述方式，形成了本问卷的初稿。

在正式问卷发放之前，本书首先对问卷进行了预调查。通过在北京理工大学2010级工商管理专业30名研究生中进行了预测试，对样本进行了探索性因子分析，根据因子分析结果对问卷进行了适度修正，形成了正式的问卷，然后展开正式的问卷投放。

(二) 样本来源

本书的样本来源主要有三个渠道：第一个来源是凭借笔者以往的工作经历，在山东省一个地级市商务局的帮助下，在其辖区内的 IT/ICT 企业发放问卷。笔者通过当地的商务部门大致了解了本地 IT/ICT 企业的一些基本情况。该市的 IT/ICT 企业大约有 80 家，鉴于本书的一个重要研究内容是“技术范式变革对组织战略适应能力和组织绩效关系的调节作用”，笔者设置了“连续正常经营 10 年以上”的选择标准。符合条件的企业为 41 家。

作为本地企业的主管部门，当地商务局会不定期地召集本地企业举行各种类型的座谈会。在征得允许后，笔者参加了其中的一次座谈会。参加这次会议的目的有三个：一是初步了解进入初选的 41 家企业近年来的经营状况；二是向这些企业介绍这次研究的内容，请他们分别指派一名公司高管，如副总经理，以及市场部门、研发部门、生产部门的中层经理协助完成答卷；三是向符合条件的企业发放问卷。笔者向这 41 家企业发出了本次研究的正式的问卷调查，一套问卷包括四份，分别由总经理/副总经理、市场部门经理、研发部门经理和生产部门经理完成。

在当地商务局的协助下，这次问卷的回收率达到了 100%，回收率之所以达到这么高的水平，与主管部门的行政力量密不可分。在规定的回收期限到期后，该局的一名工作人员用电话催促收到问卷的 41 家企业交回问卷，最终剔出 18 份不合格问卷，有效问卷共计 146 份。

样本的第二个来源是分别通过在大连某高新技术开发区和北京某技术咨询公司工作的亲友的关系，向其同事、朋友、客户发放电子版问卷，这部分问卷共发放 91 份，回收 76 份。

样本的第三个来源是北京理工大学管理与经济学院 2009 级、2010 级企业管理专业的研究生，这部分问卷主要采用现场发放的形式，共回收问卷 44 份。

通过以上三种渠道，本书共发放问卷 299 份，回收有效问卷 258 份。

（三）样本结构

本书的问卷调查主要是在山东、大连、北京三地的 IT/ICT 行业展开的。正式问卷调查除了研究中所使用的变量的量表外，还包括了被调查者的基本信息，见表 4–9。

表 4–9　样本企业基本统计信息描述

	样本统计特征
企业类型	国有企业 21 家，占 41.1%；集体企业 7 家，占 13.7%；民营企业 23 家，占 45.1%，其中，外商投资企业 15 家，占 29.4%

续表

	样本统计特征
企业规模	30人以下11家，占21.6%；30~50人18家，占35.3%；50~100人17家，占33.3%；100人以上5家，占9.8%
成立时间	10~15年37家，占72.5%；15~20年11家，占21.6%，20年以上3家，占5.9%
被调查者职位	高层管理者71人，占27.7%；中层管理者141人，占55.1%
所在省市	山东146份，占58.2%；北京88份；占34.3%；大连32份，占12.5%

四、研究方法

（一）信度分析

信度（Reliability）即可靠性，它是指采用同样的方法对同一对象重复测量时所得结果的一致性程度。信度指标多以相关系数表示，大致可分为三类：稳定性（stability，跨时间的一致性）、等值性（equivalence，跨形式的一致性）和内在一致性（internal consistency，跨项目的一致性）。稳定性是指由同一个受测者应用同一种测试工具作出反应，检验能否出现前后一致的结果；等值性考察同一个时点、不同观测者对某一个测试工具带来的测试误差，差异越小，等值性越高；内部一致性是指观测项目之间的内部一致性或同质性，量表的信度越高，表示其观测项目的稳定性和一致性越高。信度分析的方法主要有以下四种：① 重测信度法（retest method）、复本信度法（equivalent forms method）、折半信度法（split half method）、α信度系数法（Cronbach α）。其中，Cronbach's α信度系数是目前最常用的信度系数，是目前社会科学研究中最常使用的信度评价方法。

本书所使用的量表除技术范式这个变量以外，其他变量，如战略适应能力、组织吸收能力、组织绩效等，都是在现有文献已经使用过的量表基础上发展而来

① 亓莱滨，张亦辉，郑有增，周朋红，杨云. 调查问卷的信度效度分析［J］. 当代教育科学，2003，11：15-18.

的，但由于研究对象、研究视角等因素的不同，为确保研究的有效性和可靠性，需要重新对这些变量的量表进行信度分析。本书采用 SPSS 软件对数据进行因子分析，在因子的信度分析中使用了 Cronbach's α 信度系数的方法，通过观测 Cronbach's α 值来检验样本的信度。

（二）效度分析

效度（validity）是指有效性，是指测量工具或手段所测量的测量对象的准确程度。对效度的测量有各种不同角度，包括内容效度（content validity）、结构效度（construct validity）和准则效度（criterion validity）等。其中，内容效度主要测量所使用的测量项目是否适用于测量的目标，主要依据调查测量人员的经验进行主观判断。结构效度是指测量结果体现出来的某种结构与测量值之间的对应程度，主要评估所测量的变量的特征，又包括聚合效度（convergent validity）、区分效度（discriminative validity）和语义逻辑效度。聚合效度指测量项目与所测内容之间的紧密程度，而区分效度指测量某个概念的项目与其他项目之间的不相关程度。结构效度的评价指标包括累积贡献率、共同度以及因子负荷。累积贡献率反映的是公因子对量表或问卷的累积有效程度；共同度反映由公因子解释原变量的有效程度；因子负荷反映原变量与某个公因子之间的关联程度。准则效度反映的是量表所得到的数据与其他被选择的变量（准则变量）的值相比是否有意义，评价方法是相关分析或差异显著性检验。在实际操作中，由于目标准则的选择存在很大困难，而准则的选择如果出现大的误差，则往往导致整个效度检验无效。这一点使得准则效度在研究中的使用受到很大限制。

本书主要考察量表的内容效度和结构效度。内容效度的考察首先征询专家对量表设计的意见，之后根据专家的意见对量表中的测项进行了修订；结构效度主要是采用验证性因子分析来检验的，通过测项的因子负荷、特征值、累积贡献率来考察测项的结构效度。

（三）描述性统计分析

主要运用统计学的基本方法对变量进行人口统计学分析，对变量的均值、标准值、最大值、最小值、方差和平均标准误差等统计项进行描述。本书主要通过对变量进行相关性分析，初步考察变量之间是否存在相互影响，大致判断模型设置和假设是否合理。

（四）假设检验：相关分析和回归分析

相关分析（correlation analysis）是研究现象之间是否存在某种依存关系，并对具有依存关系的现象探讨其相关方向以及相关程度，是研究随机变量之间的相关关系的一种统计方法，描述的是变量之间具有密切关联但又不能用函数精确表达的关系。对这种变量间统计规律的研究主要有相关分析和回归分析，但二者之间存在显著不同。首先，在回归分析中因变量处于被解释的地位，而在相关分析中，自变量和因变量处于平等地位，即研究自变量与因变量的密切程度与研究因变量与自变量的密切程度具有同等重要性。其次，在相关分析中自变量和因变量都是随机变量，而回归分析中因变量是随机变量，自变量既可以是随机变量，也可以是非随机的确定变量。因此，相关分析主要是考察两类变量之间线性相关的密切程度，而回归分析不仅可以解释自变量对因变量的影响程度，还可以由回归方程进行预测和控制。基于相关分析和回归分析各自的特点，本书在检验变量间关系时同时使用了相关分析和回归分析两种方法，用相关分析检验变量间的相关程度，即自变量对因变量的影响程度；用回归分析进行变量间的假设检验。

五、量表的测试

（一）量表的信度测试

信度和效度是一个好的测量工具所应具备的两个重要条件，在以下三种情况中通常需要对问卷或量表进行信度和效度检验：①引入国外的标准化量表进行汉化后使用；②应用国内前人研制的量表；③研究者自行研制的量表，准备推广使用前。为了保证问卷的质量，在形成正式问卷之前，应当对问卷进行预测试，并根据预测试结果进行问卷的信度和效度分析，筛选问卷题项，调整问卷结构，从而提高现场正式应用的问卷的信度和效度。信度是反映测验结果受到随机误差影响程度的指标，是评价测验质量的最基本的指标。一般将两种或两次测量结果的相关系数作为信度系数，信度系数越大，表明结果的可信程度越高。

本书采用了 Cronbach's α 信度系数来考察量表各题项之间的内部一致性。内部一致性是设想量表内每个项目都对测量的总变异做出相同的贡献，也就是说量表的不同部分所测量的构念是统一的。内部一致性信度反映的是测试题之间的一致性程度。

对于 Cronbach's α 系数作为量表信度指标的衡量标准，不同的学者有不同的看法。Nunnally（1978）提出的标准是：Cronbach's α 值若大于 0.9，说明信度非常好；大于 0.7 但小于 0.9，则信度较高；介于 0.35 与 0.7 之间，代表中等信度；若小于 0.35，则信度过低。0.7 的信度系数标准在很多学者的研究中被采用。Devellis（1991）认为，Cronbach's α 值的最小可接受值应当在 0.66 和 0.7 之间，若低于 0.66，则表示可接受程度较低，但在社会科学的研究中，只要大于 0.6，即可以被认为是可接受的。本研究的 Cronbach's α 信度分析结果如下（见表 4-10）。量表的信度达到 0.721 以上，达到了较好的标准。

表 4-10　问卷的 Cronbach's α 信度测量

分量表	构成	Cronbach's α	问题数量	信度等级
战略适应能力	资源灵活性	0.741	8	比较好
	协调灵活性	0.746	6	比较好
吸收能力	获取	0.776	7	比较好
	消化	0.762	6	比较好
	转化	0.721	6	比较好
技术范式变革	技术机会	0.795	7	比较好
	收益可获得性	0.760	6	比较好
	知识基础	0.735	7	比较好
组织绩效	组织绩效	0.857	8	好

（二）量表的效度测试

1. 内容效度

内容效度（content validity）考查的是测试内容对研究者所要测试的概念及测试目的的反应程度。尽管大多数研究中的理论模型、变量设置、量表设计都经过研究者的精心设计，但很多情况下测试的内容并不能相对完整、准确地反映测试的概念、模型，完成研究者的测试目的，例如，测试内容可能会遗漏一些反映测试概念的测量指标，或者包含了一些与测试概念无关的指标，或者在评估概念的不同成分对测试结果的影响时出现偏差等。较好的内容效度需要具备两个条件：首先，要对测试的内容有相对完好的定义；其次，测试的项目应该能够较好地反映研究所界定的内容。截至目前，对量表的内容效度的检验缺乏量化的指标，大多数研究中采用的是依赖经验和逻辑进行的推理、判断。

本书使用的量表中，由于现有文献中缺乏成熟的技术范式变量量表，本书对这个变量的量表进行了开发；战略适应能力、组织吸收能力、组织绩效量表来源于现有文献中使用的较为成熟的量表，但为了避免由于文化差异、地域特征、研究方法等问题导致的量表效用下降，本书采用了检验内容效度常用的方法——专家评价法。分别请中国社会科学院工业经济研究所的一名研究员、北京理工大学管理与经济学院的一名教授以及中国人民大学商学院企业管理专业的三名博士研究生对量表进行了评价，根据他们的意见，对某些测项进行了调整。

2. 结构效度

结构效度是指一个测验实际测到所要测量的理论结构和特质的程度，或者说它是指测验分数能够说明理论的某种结构或特质的程度；是指实验与理论之间的一致性，即实验是否真正测量到假设（构造）的理论，它关系到我们依据测试成绩所做的、对评价测试结果的解释是否有意义并且恰当。

本书在评价调查问卷的内部结构时，使用了探索性因子分析和验证性因子分析来检验量表的结构效度。在进行因子分析之前，首先通过 KMO 和 Barlett's Test 球形检验来确定问卷是否适合做因子分析；其次采用 SPSS 软件对所有变量进行了探索性因子分析和验证性因子分析；再次通过模型的拟合指数来判断本书的测量模型是否与数据相匹配；最后通过卡方检验对不同结构的测量模型比较，进行了聚合效度的检验，并通过分析各潜在变量间的相关系数，进行了区分效度检验。分析结果见表 4-11。

表 4-11 战略适应能力、吸收能力、组织绩效的 KMO 和 Barlett's Test 分析结果

变量	KMO 检验系数	Barlett's Test		
		球形检验近似卡方值	df	Sig.
资源灵活性	0.715	377.161	28	0.000
协调灵活性	0.813	228.586	15	0.000
获取	0.806	339.743	21	0.000
消化	0.806	261.548	15	0.000
转化	0.780	223.850	15	0.000
组织绩效	0.870	631.443	28	0.000

探索性因子分析主要应用于三个方面：①寻求基本结构，解决多元统计分析中的变量间强相关问题；②数据化简；③发展测量量表。验证性因子分析允许研究者将观察变量依据理论或先前假设构成测量模式，然后评价此因子结构和该理论界定的样本资料间符合的程度。因此，主要应用于以下三个方面：①验证量表的维度（dimensionality），或者称因子结构，决定最有效因子结构；②验证因子的阶层关系；③评估量表的信度和效度。

本书将探索性因子分析用于检验成熟量表的结构效度，可以发现与测量内容无关的测量指标（如因子负荷过低），或者不符合研究预期的指标。

（1）战略适应能力的探索性因子分析。战略适应能力变量由资源灵活性和协调灵活性两个量表组成。

资源灵活性量表共有 8 个问题项。球形检验的结果显示，其近似卡方值为 377.161，p 值小于 0.001，达到显著水平；KOM 检验系数为 0.715，大于 0.5 的范围，表明适合做因子分析（见表 4-11）。因子分析结果显示，各个问题项的因子载荷量均大于 0.5，特征值均大于 4，累积贡献率为 33.052%（见表 4-12）。

表 4–12 战略适应能力的因子分析结果

因子	测 项	载荷	特征值	累积贡献率（%）
资源灵活性	生产设备不需要大的改动即可生产一系列多样化的产品线	0.643	4.627	33.052
	生产流程不需要大的改动即可生产一系列多样化的产品线	0.618		
	生产设备容许产品设计中的细微改动	0.543		
	生产流程容许产品设计中的细微改动	0.565		
	模块化的产品设计，使产品部件具备多种潜在的产品形式和用途	0.638		
	公司能够及时发现细分市场	0.696		
	公司能够根据市场变化及时将产品线重新定位	0.626		
	营销资源可以对不同产品线展开广告、促销、分销业务	0.494		
协调灵活性	公司对外部市场环境进行持续监测	0.628	2.074	58.905
	公司能够根据变化的产品—市场范围重新构造组织在开发、生产、分销、营销中可使用的资源	0.656		
	公司采用灵活的组织结构，跨部门工作团队是常见的工作方式	0.711		
	信息资源管理系统，如 CADD、CIM 等，在公司日常管理中得以广泛应用	0.675		
	公司管理体系能够根据公司目标的变化实时进行调整	0.657		
	公司管理体系鼓励员工对既有的流程和做法提出挑战	0.662		

协调灵活性量表共有 6 个问题项。球形检验的结果显示，其近似卡方值为 228.586，p 值小于 0.001，达到显著水平；KOM 检验系数为 0.813，大于 0.5 的范围，表明适合做因子分析（见表 4–11）。因子分析结果显示，各个问题项的因子载荷量均大于 0.5，特征值均大于 2，累积贡献率为 58.905%（见表 4–12）。

（2）吸收能力量表的探索性因子分析。吸收能力由获取、消化、转化三个量表组成。

获取量表共有 7 个问题项。球形检验的结果显示，其近似卡方值为 339.743，p 值小于 0.001，达到显著水平；KOM 检验系数为 0.806，大于 0.5 的范围，表明适合做因子分析（见表 4–11）。因子分析结果显示，各个问题项的因子载荷量均大于 0.5，特征值均大于 4，累积贡献率为 28.341%（见表 4–13）。

表 4-13 吸收能力的因子分析结果

因子	测项	载荷	特征值	累积贡献率（%）
获取	公司与外部高校、科研机构保持密切的技术信息的交流	0.694	4.091	28.341
	公司密切关注供应商在技术、市场方面的变化	0.741		
	公司密切关注零售商在技术、市场方面的变化	0.647		
	公司密切关注最终消费者在需求方面的变化	0.668		
	公司密切关注行业内竞争者在技术、需求方面的变化	0.617		
	公司存在与外部进行技术信息交流的常规机制	0.648		
	公司在与外部信息、知识交流方面进行了大量的投资	0.572		
消化	公司的 R&D 投入在整个销售收入中所占比重很大	0.706	2.753	47.182
	公司拥有知识多元化的员工结构	0.692		
	公司拥有新技术商业化的某种（或几种）关键性辅助资产（如营销渠道、生产工艺、售后服务）	0.598		
	公司能够根据其现有的知识对所获取的知识进行评估	0.726		
	公司能够根据拥有的关键性辅助资产对所获取的外部知识进行评估	0.684		
	新技术的价值能够在公司内部迅速得到评估	0.650		
转化	公司每个员工个人掌握多元化的知识基础	0.679	1.945	59.988
	公司内部各部门之间在工作中使用同样的语言及符号	0.578		
	跨部门协作是公司内部常见的工作方式	0.509		
	公司内部存在完善的员工工作轮换机制	0.740		
	员工清晰地了解公司内部知识的分布情况	0.737		
	公司内部各部门之间存在畅通的交流机制	0.701		

消化量表共有 6 个问题项。球形检验的结果显示，其近似卡方值为 261.548，p 值小于 0.001，达到显著水平；KOM 检验系数为 0.806，大于 0.5 的范围，表明适合做因子分析（见表 4-6）。因子分析结果显示，各个问题项的因子载荷量均大于 0.5，特征值均大于 2，累积贡献率为 47.182%（见表 4-13）。

转化量表共有 6 个问题项。球形检验的结果显示，其近似卡方值为 223.850，p 值小于 0.001，达到显著水平；KOM 检验系数为 0.780，大于 0.5 的范围，表明适合做因子分析（见表 4-11）。因子分析结果显示，各个问题项的因子载荷量均大于 0.5，特征值均大于 1，累积贡献率为 59.988%（见表 4-13）。

（3）组织绩效量表的探索性因子分析。组织绩效量表共有 8 个问题项。球形检验的结果显示，其近似卡方值为 631.443，p 值小于 0.001，达到显著水平；KOM 检验系数为 0.870，大于 0.5 的范围，表明适合做因子分析（见表 4-11）。

因子分析结果显示，各个问题项的因子载荷量均大于0.5，特征值均大于4，累积贡献率为50.832%（见表4–14）。

表4–14　组织绩效的因子分析结果

因子	测　项	载荷	特征值	累积贡献率（%）
组织绩效	公司在行业中具有明显竞争力	0.673	4.067	50.832
	公司能够在既定时间、成本约束下完成既定目标	0.609		
	公司中很少有离职意愿的人	0.538		
	在目前的技术范式下，公司的市场范围持续扩大	0.736		
	在目前技术范式下，公司的财务收入状况理想	0.763		
	在目前的技术范式下，公司利润足以支持公司的创新需求	0.767		
	预计公司未来的业务量不断扩大	0.771		
	公司的利益相关者对公司绩效满意	0.803		

第五章　研究结果

本书第三、四章提出了研究的基本假设和理论模型，并确定、开发了理论模型中各个变量的量表，对量表进行了信度、效度检验。本章在前文研究的基础上，对前文提出的假设和理论模型进行了检验。

一、描述性统计分析

在对数据进行统计分析之前，一般首先要对数据进行描述性统计分析（Descriptive Analysis），以发现其内在的规律，再选择进一步分析的方法。描述性统计分析要对调查总体所有变量的有关数据做统计性描述，主要包括数据的集中趋势分析、数据离散程度分析、数据的分布以及数据之间的相关程度等。其中，数据的集中趋势分析是用来反映数据的一般水平，常用的指标有平均值、中位数和众数等，如果各个数据之间的差异程度较小，用平均值就有较好的代表性；而如果数据之间的差异程度较大，特别是有个别的极端值的情况，用中位数或众数有较好的代表性。数据的离散程度分析主要是用来反映数据之间的差异程度，常用的指标有方差和标准差。方差是标准差的平方，根据不同的数据类型有不同的计算方法。此外，在统计分析中，通常要假设样本的分布属于正态分布，因此需要用偏度和峰度两个指标来检查样本是否符合正态分布。偏度衡量的是样本分布的偏斜方向和程度；而峰度衡量的是样本分布曲线的尖峰程度。一般情况下，如果样本的偏度接近于0，而峰度接近于3，就可以判断总体的分布接近于正态分布。而相关分析的目的是初步检测变量之间相互影响的程度，反映变量之间相互作用的可能性，通过相关分析，可以大致判断模型设置或假设是否合理。

本书在对数据做描述性统计分析时采用了对数据的相关分析，其主要目的是检验变量之间相互影响的程度，在此基础上验证研究模型和假设的合理性。通过相关分析获得的主要变量的 Pearson 相关系数显示（见表 5-1），主要变量之间的相关系数介于 0.334~0.682，存在中等或低等程度的相关性，需要进一步的共线性分析以检验模型和假设的合理性程度。

表 5-1 主要变量的 Pearson 相关系数

	资源灵活性	协调灵活性	获取	消化	转化	技术机会	收益可获性	技术累积性	组织绩效
资源灵活性	1	0.665**	0.577**	0.618**	0.597**	0.580**	0.520**	0.483**	0.550**
协调灵活性	0.665**	1	0.608**	0.652**	0.666**	0.667**	0.638**	0.452**	0.644**
获取	0.577**	0.608**	1	0.620**	0.484**	0.637**	0.532**	0.334**	0.550**
消化	0.618**	0.652**	0.620**	1	0.607**	0.677**	0.483**	0.448**	0.585**
转化	0.597**	0.666**	0.484**	0.607**	1	0.570**	0.497**	0.430**	0.491**
技术机会	0.580**	0.667**	0.637**	0.677**	0.570**	1	0.547**	0.458**	0.682**
收益可获性	0.520**	0.638**	0.532**	0.483**	0.497**	0.547**	1	0.429**	0.493**
技术累积性	0.483**	0.452**	0.334**	0.448**	0.430**	0.458**	0.429**	1	0.405**
组织绩效	0.550**	0.644**	0.550**	0.585**	0.491**	0.682**	0.493**	0.405**	1

注：** 表示在 0.01 水平（双侧）上显著相关。

二、共线性分析

要检验研究模型和假设的合理性，除了对数据做相关分析外，还需要检验变量的多重共线性。多重共线性（Multicollinearity）是指线性回归模型中的解释变量之间由于存在精确相关关系或高度相关关系而使模型估计失真或难以估计准确。一般来说，模型设计不当会导致设计矩阵中解释变量间存在普遍的相关关系，变量间如果存在严重的多重共线性，会给假设检验中的回归分析带来困难。本书在对变量做相关分析后发现，主要变量之间的相关系数介于0.334~0.682，存在中等或低等程度的相关性，需要进一步的共线性分析以检验模型和假设的合理性程度。以组织绩效作为因变量，其他变量作为自变量，对样本数据做共线性分析，见表5-2、表5-3。

表5-2 变量的多重共线性分析（一）

	资源灵活性	协调灵活性	获取	消化	转化	技术机会	收益可获性	技术累积性
容忍度	0.446	0.335	0.400	0.341	0.473	0.411	0.526	0.676
VIF	2.242	2.982	2.501	2.929	2.114	2.434	1.900	1.479

注：因变量：组织绩效。

表5-3 变量的多重共线性分析（二）

维	特征根	条件指样	方差比例								
			（常量）	资源灵活性	协调灵活性	获取	消化	转化	技术机会	收益可获性	技术累积性
1	8.942	1.000	0.00	0.00	0.00	0.00	0.00	0.00	0.00	0.00	0.00
2	6.013	6.236	0.15	0.00	0.02	0.02	0.06	0.04	0.02	0.01	0.33
3	4.010	2.997	0.10	0.00	0.02	0.15	0.01	0.41	0.01	0.01	0.08
4	3.009	5.068	0.04	0.00	0.04	0.00	0.15	0.02	0.03	0.32	0.30
5	1.008	7.419	0.36	0.03	0.05	0.01	0.01	0.20	0.09	0.20	0.13
6	0.866	9.316	0.10	0.32	0.05	0.02	0.02	0.10	0.53	0.00	0.01
7	0.635	4.931	0.02	0.33	0.08	0.06	0.15	0.11	0.25	0.21	0.04
8	0.524	6.051	0.18	0.30	0.70	0.01	0.03	0.06	0.06	0.14	0.01
9	0.394	9.057	0.06	0.03	0.02	0.73	0.57	0.06	0.00	0.12	0.10

注：因变量：组织绩效。

判断变量之间是否存在多重共线性的主要判断指标包括容忍度（tolerance）、方差膨胀因子（variance inflation factor，VIF）以及条件指数（condition index）。容忍度由Norusis提出，是以每个自变量作为因变量对其他自变量进行回归分析时得到的残差比例，大小用“1-决定系数”来表示。该指标越小，则说明该自变量被其余变量预测得越精确，共线性可能就越严重。方差膨胀因子由Marquardt

于1960年提出，实际上就是容忍度的倒数，反映了各个解释变量与其他变量之间的相关性。特征根（eigenvalue）实际上就是对自变量进行主成分分析，如果相当多维度的特征根等于0，则可能有比较严重的共线性。条件指数由Stewart等提出，当某些维度的该指标数值大于30时，则可能存在共线性。关于变量之间是否存在多重共线性的标准，陈希孺等根据经验得出，如果某个自变量的容忍度小于0.1，则可能存在共线性问题。Myer（1990）的研究提出，作为判断多个解释变量之间是否存在必须处理的多重共线性的关键指标，方差膨胀因子应该小于10，否则就应当删除变量或者将变量合并以消除变量之间的多重共线性，避免在参数估计、假设检验中出现严重偏差。邱皓政（2008）认为，如果两个自变量的相关系数超过0.9，对模型的影响就会很大。相关系数仅仅是初步判断，方差膨胀因子、特征根或条件指数是判断变量间多重共线性的重要指标。当膨胀因子大于10、特征根为0或条件指数大于30时，提示存在共线性。

本书通过SPSS软件的多重共线性分析结果显示，各解释变量之间的容忍度处于0.335~0.676，方差膨胀因子处于1.479~2.982，根据以上学者们的研究结论，本书中各个解释变量之间的多重共线性不突出，处于可以接受的范围，不会对参数估计和假设检验造成较大的偏差，说明本书的理论模型和假设具有很大的合理性。

三、假设检验的回归分析

（一）组织战略适应能力与组织绩效关系的假设检验

从自变量与因变量的回归模型一（见表5-4）可以看出，战略适应能力对组织绩效有正向关系，并且具有统计显著性。战略适应能力对组织绩效的回归系数为 a_1=0.658，在 $p<0.001$ 水平下是显著的，可见战略适应能力对组织绩效有显著的正向影响作用，因此假设H1得到支持。

表 5-4　战略适应能力、吸收能力与组织绩效的回归结果

自变量	回归模型一		回归模型二		回归模型三	
	组织绩效		吸收能力		组织绩效	
	a_1	t	b_1	t	c	t
战略适应能力	0.658***	12.648	0.794***	18.944	0.422*** （c_1）	5.069
吸收能力					0.296*** （c_2）	3.559
R^2	0.432		0.631		0.465	
F 值	159.976***		358.869***		90.765***	

注：*** 表示 $p<0.001$，** 表示 $p<0.01$，* 表示 $p<0.05$（双侧）。

表 5-5　战略适应能力子维度、知识获取能力与组织绩效的回归结果

自变量	回归模型一		回归模型二		回归模型三（资源）		回归模型三（协调）	
	组织绩效		知识获取能力		组织绩效		组织绩效	
	a_1	t	b_1	t	c	t	c	t
资源灵活性	0.550***	9.544	0.597***	10.784	0.399*** （c_1）	5.713		
协调灵活性	0.644***	12.190	0.666***	12.939			0.639*** （c_2）	8.066
知识获取能力					0.253*** （c_3）	3.621	0.112*** （c_4）	1.590
R^2	0.414		0.444		0.344		0.421	
F 值	148.585***		167.412***		54.727***		76.098***	

注：*** 表示 $p<0.001$，** 表示 $p<0.01$，* 表示 $p<0.05$（双侧）。

从资源灵活性与组织绩效的回归模型一（见表 5-5）可以看出，资源灵活性对组织绩效有正向关系，并且具有统计显著性。资源灵活性对组织绩效的回归系数为 $a_1=0.550$，在 $p<0.001$ 水平下是显著的，可见资源灵活性对组织绩效有显著的正向影响作用，因此假设 H1a 得到支持。从协调灵活性与组织绩效的回归模型一（见表 5-5）可以看出，协调灵活性对组织绩效有正向关系，并且具有统计显著性。协调灵活性对组织绩效的回归系数为 $a_1=0.644$，在 $p<0.001$ 水平下是显著的，可见协调灵活性对组织绩效有显著的正向影响作用，因此假设 H1b 得到支持。

（二）组织吸收能力的中介效应的假设检验

从自变量与中介变量的回归模型二（见表 5-4）可以看出，战略适应能力对吸收能力有正向关系，且具有统计显著性。战略适应能力与吸收能力的回归系数为 $b_1=0.794$，在 $p<0.001$ 水平下显著，可见战略适应能力对吸收能力有显著的正

向影响作用，因此假设 H2 得到支持。

从自变量和中介变量与因变量的回归方程三（见表 5–4）可以看出，战略适应能力、吸收能力对组织绩效有正向关系，其中 c_1=0.422，在 $p<0.001$ 水平下显著；c_2=0.296，在 $p<0.001$ 水平下显著。由此可见，吸收能力对组织绩效有积极的促进作用，假设 H3 得到支持。

我们将表 5–4 回归模型一中自变量与因变量的回归系数 a_1=0.658 与回归模型三中自变量与因变量的回归系数 c_1=0.422 做比较，发现在引入吸收能力后，战略适应能力对组织绩效的回归系数明显减小。因此，吸收能力在战略适应能力与组织绩效的关系中发挥中介效应，假设 H4 得到支持。但是，战略适应能力对组织绩效的回归系数仍然是在 $p<0.001$ 水平下显著，可见战略适应能力除了通过吸收能力这个中介变量对组织绩效发挥作用，还会通过其他方式对组织绩效产生作用。因此，吸收能力在战略适应能力与组织绩效的关系中发挥的是部分中介作用。

从资源灵活性与知识获取能力的回归模型二（见表 5–5）可以看出，资源灵活性对知识获取能力有正向关系，且具有统计显著性。资源灵活性与知识获取能力的回归系数为 b_1=0.597，在 $p<0.001$ 水平下显著，可见资源灵活性对知识获取能力有显著的正向影响作用，因此假设 H2a1 得到支持。从协调灵活性与知识获取能力的回归模型二（见表 5–5）可以看出，协调灵活性对知识获取能力有正向关系，且具有统计显著性。协调灵活性与知识获取能力的回归系数为 b_1=0.666，在 $p<0.001$ 水平下显著，可见协调灵活性对知识获取能力有显著的正向影响作用，因此假设 H2b1 得到支持。

从资源灵活性（协调灵活性）和知识获取能力与组织绩效的回归方程三（见表 5–5）可以看出，资源灵活性（协调灵活性）、知识获取能力对组织绩效有正向关系，c_1=0.399（c_2=0.639）、c_3=0.253（c_4=0.112），均在 $p<0.001$ 水平下显著。由此可见，知识获取能力对组织绩效有积极的促进作用，假设 H3a 得到支持。

将表 5–5 回归模型一中资源灵活性与组织绩效的回归系数 a_1=0.550 与回归模型三（资源）中资源灵活性与组织绩效的回归系数 c_1=0.399 做比较，发现在引入知识获取能力后，资源灵活性对组织绩效的回归系数明显减小。因此，知识获取能力在资源灵活性与组织绩效的关系中发挥中介效应，假设 H4a1 得到支持。但是，资源灵活性对组织绩效的回归系数仍然是在 $p<0.001$ 水平下显著，可见资源灵活性除了通过知识获取能力这个中介变量对组织绩效发挥作用，还会通过其他方式对组织绩效产生作用。因此，知识获取能力在资源灵活性与组织绩效的关系中发挥的是部分中介作用。将表 5–5 回归模型一中协调灵活性与组织绩效的回归系数 $a_1=0.644$ 与回归模型三（协调）中协调灵活性与组织绩效的回归系数 $c_2=0.639$ 做比较，发现在引入知识获取能力后，协调灵活性对组织绩效的回归系数基本不变化。因此，知识转化能力在协调灵活性与组织绩效的关系中没有发挥中介效应，假设 H4a2 没有得到支持。

表 5–6　战略适应能力子维度、知识消化能力与组织绩效的回归结果

自变量	回归模型一		回归模型二		回归模型三（资源）		回归模型三（协调）	
	组织绩效		知识消化能力		组织绩效		组织绩效	
	a_1	t	b_1	t	c	t	c	t
资源灵活性	0.550***	9.544	0.618***	11.401	0.305***(c_1)	4.474		
协调灵活性	0.644***	12.190	0.652***	11.088			0.457***（c_2）	6.817
知识消化能力					0.396***（c_3）	5.805	0.287***（c_4）	4.281
R^2	0.414		0.426		0.399		0.462	
F 值	148.585***		129.986***		69.488***		89.586***	

注：*** 表示 $p<0.001$，** 表示 $p<0.01$，* 表示 $p<0.05$（双侧）。

从资源灵活性与知识消化能力的回归模型二（见表 5–6）可以看出，资源灵活性对知识消化能力有正向关系，且具有统计显著性。资源灵活性与知识消化能力的回归系数为 $b_1=0.618$，在 $p<0.001$ 水平下显著，可见资源灵活性对知识消化能力有显著的正向影响作用，因此假设 H2a2 得到支持。从协调灵活性与知识消化能力的回归模型二（见表 5–6）可以看出，协调灵活性对知识消化能力有正向关系，且具有统计显著性。协调灵活性与知识消化能力的回归系数为 $b_1=0.652$，在 $p<0.001$ 水平下显著，可见协调灵活性对知识消化能力有显著的正向影响作用，因此假设 H2b2 得到支持。

从资源灵活性（协调灵活性）和知识消化能力与组织绩效的回归方程三（见表 5–6）可以看出，资源灵活性（协调灵活性）、知识消化能力对组织绩效有正向关系，$c_1=0.305$（$c_2=0.457$）、$c_3=0.396$（$c_4=0.287$），在 $p<0.001$ 水平下显著。由此可见，知识消化能力对组织绩效有积极的促进作用，假设 H3b 得到支持。

将表 5-6 回归模型一中资源灵活性与组织绩效的回归系数 a_1=0.550 与回归模型三（资源）中资源灵活性与组织绩效的回归系数 c_1=0.305 做比较，发现在引入知识消化能力后，资源灵活性对组织绩效的回归系数明显减小。因此，知识消化能力在资源灵活性与组织绩效的关系中发挥中介效应，假设 H4b1 得到支持。但是，资源灵活性对组织绩效的回归系数仍然是在 $p<0.001$ 水平下显著，可见资源灵活性除了通过知识消化能力这个中介变量对组织绩效发挥作用，还会通过其他方式对组织绩效产生作用。因此，知识消化能力在资源灵活性与组织绩效的关系中发挥的是部分中介作用。将表 5-6 回归模型一中协调灵活性与组织绩效的回归系数 a_1=0.644 与回归模型三（协调）中协调灵活性与组织绩效的回归系数 c_2=0.457 做比较，发现在引入知识消化能力后，协调灵活性对组织绩效的回归系数明显减小。因此，知识消化能力在协调灵活性与组织绩效的关系中发挥中介效应，假设 H4b2 得到支持。但是，协调灵活性对组织绩效的回归系数仍然是在 $p<0.001$ 水平下显著，可见协调灵活性除了通过知识消化能力这个中介变量对组织绩效发挥作用，还会通过其他方式对组织绩效产生作用。因此，知识消化能力在协调灵活性与组织绩效的关系中发挥的是部分中介作用。

表 5-7 战略适应能力子维度、知识转化能力与组织绩效的回归结果

自变量	回归模型一		回归模型二		回归模型三（资源）		回归模型三（协调）	
	组织绩效		知识转化能力		组织绩效		组织绩效	
	a_1	t	b_1	t	c	t	c	t
资源灵活性	0.550***	9.544	0.577***	10.228	0.349***（c_1）	5.245		
协调灵活性	0.644***	12.190	0.608***	11.088			0.490***（c_2）	7.622
知识转化能力					0.349***（c_3）	5.259	0.252***（c_4）	3.925
R^2	0.414		0.369		0.384		0.455	
F 值	148.585***		122.937***		65.152***		87.093***	

注：*** 表示 $p<0.001$，** 表示 $p<0.01$，* 表示 $p<0.05$（双侧）。

从资源灵活性与知识转化能力的回归模型二（见表 5-7）可以看出，资源灵活性对知识转化能力有正向关系，且具有统计显著性。资源灵活性与知识转化能力的回归系数为 b_1=0.577，在 $p<0.001$ 水平下显著，可见资源灵活性对知识转化能力有显著的正向影响作用，因此假设 H2a3 得到支持。从协调灵活性与知识转化能力的回归模型二（见表 5-7）可以看出，协调灵活性对知识转化能力有正向

关系，且具有统计显著性。协调灵活性与知识转化能力的回归系数为 $b_1=0.608$，在 $p<0.001$ 水平下显著，可见协调灵活性对知识转化能力有显著的正向影响作用，因此假设 H2b3 得到支持。

从资源灵活性（协调灵活性）和知识转化能力与组织绩效的回归方程三（见表 5-7）可以看出，资源灵活性（协调灵活性）、知识转化能力对组织绩效有正向关系，$c_1=0.349$（$c_2=0.490$）、$c_3=0.349$（$c_4=0.252$），在 $p<0.001$ 水平下显著。由此可见，知识转化能力对组织绩效有积极的促进作用，假设 H3c 得到支持。

将表 5-7 回归模型一中资源灵活性与组织绩效的回归系数 $a_1=0.550$ 与回归模型三（资源）中资源灵活性与组织绩效的回归系数 $c_1=0.349$ 做比较，发现在引入知识转化能力后，资源灵活性对组织绩效的回归系数明显减小。因此，知识转化能力在资源灵活性与组织绩效的关系中发挥中介效应，假设 H4c1 得到支持。但是，资源灵活性对组织绩效的回归系数仍然是在 $p<0.001$ 水平下显著，可见资源灵活性除了通过知识转化能力这个中介变量对组织绩效发挥作用，还会通过其他方式对组织绩效产生作用。因此，知识转化能力在资源灵活性与组织绩效的关系中发挥的是部分中介作用。将表 5-7 回归模型一中协调灵活性与组织绩效的回归系数 $a_1=0.644$ 与回归模型三（协调）中协调灵活性与组织绩效的回归系数 $c_2=0.490$ 做比较，发现在引入知识转化能力后，协调灵活性对组织绩效的回归系数明显减小。因此，知识转化能力在协调灵活性与组织绩效的关系中发挥中介效应，假设 H4c2 得到支持。但是，协调灵活性对组织绩效的回归系数仍然是在 $p<0.001$ 水平下显著，可见协调灵活性除了通过知识转化能力这个中介变量对组织

表 5-8　战略适应能力、知识获取能力与组织绩效的回归结果

自变量	回归模型一		回归模型二		回归模型三	
	组织绩效		知识获取能力		组织绩效	
	a_1	t	b_1	t	c	t
战略适应能力	0.658***	12.648	0.650***	12.394	0.519***（c_1）	7.751
知识获取能力					0.213**（c_2）	3.180
R^2	0.432		0.422		0.459	
F 值	159.976***		153.600***		88.518***	

注：*** 表示 $p<0.001$，** 表示 $p<0.01$，* 表示 $p<0.05$（双侧）。

绩效发挥作用，还会通过其他方式对组织绩效产生作用。因此，知识转化能力在协调灵活性与组织绩效的关系中发挥的是部分中介作用。

从自变量与中介变量的回归模型二（见表 5-8）可以看出，战略适应能力对知识获取能力有正向关系，且具有统计显著性。战略适应能力与知识获取能力的回归系数为 $b_1=0.650$，在 $p<0.001$ 水平下显著，可见战略适应能力对知识获取能力有显著的正向影响作用。

我们将表 5-8 回归模型一中自变量与因变量的回归系数 $a_1=0.658$ 与回归模型三中自变量与因变量的回归系数 $c_1=0.519$ 做比较，发现在引入知识获取能力后，战略适应能力对组织绩效的回归系数明显减小。因此，知识获取能力在战略适应能力与组织绩效的关系中发挥中介效应，假设 H4a 得到支持。但是，战略适应能力对组织绩效的回归系数仍然是在 $p<0.001$ 水平下显著，可见战略适应能力除了通过知识获取能力这个中介变量对组织绩效发挥作用，还会通过其他方式对组织绩效产生作用。因此，知识获取能力在战略适应能力与组织绩效的关系中发挥的是部分中介作用。

表 5-9　战略适应能力、知识消化能力与组织绩效的回归结果

自变量	回归模型一		回归模型二		回归模型三	
	组织绩效		知识消化能力		组织绩效	
	a_1	t	b_1	t	c	t
战略适应能力	0.658***	12.648	0.697***	14.104	0.486***（c_1）	6.878
知识消化能力					0.245**（c_2）	3.471
R^2	0.432		0.486		0.463	
F 值	159.976***		198.930***		90.220***	

注：*** 表示 $p<0.001$，** 表示 $p<0.01$，* 表示 $p<0.05$（双侧）。

从自变量与中介变量的回归模型二（见表 5-9）可以看出，战略适应能力对知识消化能力有正向关系，且具有统计显著性。战略适应能力与知识消化能力的回归系数为 $b_1=0.697$，在 $p<0.001$ 水平下显著，可见战略适应能力对知识消化能力有显著的正向影响作用。

我们将表 5-9 回归模型一中自变量与因变量的回归系数 $a_1=0.658$ 与回归模型三中自变量与因变量的回归系数 $c_1=0.486$ 做比较，发现在引入知识消化能力后，战略适应能力对组织绩效的回归系数明显减小。因此，知识消化能力在战略适应能力与组织绩效的关系中发挥中介效应，假设 H4b 得到支持。但是，战略适应能力对组织绩效的回归系数仍然是在 $p<0.001$ 水平下显著，可见战略适应能力除了通过知识消化能力这个中介变量对组织绩效发挥作用，还会通过其他方式对组织绩效产生作用。因此，知识消化能力在战略适应性与组织绩效的关系中发挥的是部分中介作用。

表 5-10 战略适应能力、知识转化能力与组织绩效的回归结果

自变量	回归模型一		回归模型二		回归模型三	
	组织绩效		知识转化能力		组织绩效	
	a_1	t	b_1	t	c	t
战略适应能力	0.658***	12.648	0.695***	13.990	0.611***（c_1）	8.457
知识转化能力					0.067（c_2）	0.920
R^2	0.432		0.482		0.435	
F 值	159.976***		195.724***		90.353***	

注：*** 表示 $p<0.001$，** 表示 $p<0.01$，* 表示 $p<0.05$（双侧）。

从自变量与中介变量的回归模型二（见表 5-10）可以看出，战略适应能力对知识转化能力有正向关系，且具有统计显著性。战略适应能力与知识转化能力的回归系数为 $b_1=0.695$，在 $p<0.001$ 水平下显著，可见战略适应能力对知识转化能力有显著的正向影响作用。

我们将表 5-10 回归模型一中自变量与因变量的回归系数 $a_1=0.658$ 与回归模型三中自变量与因变量的回归系数 $c_1=0.611$ 做比较，发现在引入知识转化能力后，战略适应能力对组织绩效的回归系数略有减小。因此，知识转化能力在战略适应能力与组织绩效的关系中发挥了中介效应，假设 H4c 得到支持。

（三）技术范式变革的调节效应的假设检验

调节效应是交互效应的一种，是有因果指向的交互效应，而单纯的交互效应可以互为因果关系；调节变量一般不受自变量和因变量影响，但是可以影响自变量和因变量。检验调节效应的方法有四种：①在层次回归分析中（Hierarchical regression），检验 2 个回归方程的复相关系数 R12 和 R22 是否有显著区别，若

R12 和 R22 显著不同，则说明 mx 交互作用显著，即表明 m 的调节效应显著；②看层次回归方程中的 c'系数（调节变量偏相关系数），若 c'（spss 输出为标准化 β 值）显著，则说明调节效应显著；③多元方差分析，看交互作用水平是否显著；④在分组回归情况下，调节效应看各组回归方程的 R^2。

本书首先以组织绩效为因变量，逐步加入战略适应能力、技术范式变革、战略适应能力与技术范式变革的交互项，进行层级回归分析，然后观察复相关系数 R^2、β 值、t 值的变化。结果显示，如果仅仅考虑战略适应能力对组织绩效的影响，即回归模型一，战略适应能力对组织绩效变化的解释 R^2=0.432；加入技术范式变量后，模型对组织绩效变化的解释增大，R^2=0.491；再加入战略适应能力与技术范式变革的交互项之后，模型对组织绩效变化的解释程度进一步增强，R^2=0.494。层级回归结果显示，技术范式变革在组织战略适应能力与组织绩效的关系中起到了调节作用，见表 5-11。

表 5-11　战略适应能力、技术范式变革与组织绩效的回归结果

自变量	回归模型一		回归模型二		回归模型三	
	β	t	β	t	β	t
战略适应能力	0.658***	12.648	0.375***	4.491	0.374***	4.926
技术范式变革			0.372***	4.904	0.378***	4.979
战略适应能力 × 技术范式变革					−0.058	−1.161
R^2	0.432		0.491		0.494	
F 值	159.976***		100.791***		67.756***	

注：因变量——组织绩效；*** 表示 $p<0.001$，** 表示 $p<0.01$，* 表示 $p<0.05$（双侧）。

本书进一步分析研究了技术范式的子项目技术机会、利润可获得性、知识基础在组织战略适应能力与组织绩效的关系中的调节作用。如果仅仅考虑战略适应能力对组织绩效的影响，则战略适应能力对组织绩效变化的解释 R^2=0.432；加入技术机会变量后，模型对组织绩效变化的解释增大，R^2=0.529；再加入战略适应能力与技术机会的交互项之后，模型对组织绩效变化的解释程度进一步增强，R^2=0.530。层级回归结果显示，技术机会在组织战略适应能力与组织绩效的关系中起到了调节作用，假设 H5 得到支持，见表 5-12。加入收益可获得性变量后，模型对组织绩效变化的解释增大，R^2=0.441；再加入战略适应能力与收益可获得性的交互项之后，模型对组织绩效变化的解释程度不变，R^2=0.441。层级回归结果显示，收益可获得性在组织战略适应能力与组织绩效的关系中的调节作用的假设H6得到部分支持，见表5–13。加入技术累积性变量后，模型对组织绩效的解释略有增大，R^2=0.439；再加入战略适应能力与技术累积性的交互项之后，模型对组织绩效变化的解释程度不变，R^2=0.439。层级回归结果显示，技术累积性在组织战略适应能力与组织绩效的关系中的调节作用的假设H7得到部分支持，见表5–14。

表5–12 战略适应能力、技术机会与组织绩效的回归结果

自变量	回归模型一		回归模型二		回归模型三	
	β	t	β	t	β	t
战略适应能力	0.658***	12.648	0.358***	5.510	0.363***	5.588
技术机会			0.437***	6.719	0.429***	6.592
战略适应能力×技术机会					–0.058	–1.227
R^2	0.432		0.529		0.530	
F值	159.976***		119.380***		80.282***	

注：因变量——组织绩效；*** 表示 $p<0.001$，** 表示 $p<0.01$，* 表示 $p<0.05$（双侧）。

表5–13 战略适应能力、收益可获性与组织绩效的回归结果

自变量	回归模型一		回归模型二		回归模型三	
	β	t	β	t	β	t
战略适应能力	0.658***	12.648	0.579***	8.616	0.579***	8.599
收益可获性			0.123	1.827	0.122	1.811
战略适应能力×收益可获性					–0.012	–0.229
R^2	0.432		0.441		0.441	
F值	159.976***		82.548***		54.800***	

注：因变量——组织绩效；*** 表示 $p<0.001$，** 表示 $p<0.01$，* 表示 $p<0.05$（双侧）。

表5–14 战略适应能力、技术累积性与组织绩效的回归结果

自变量	回归模型一		回归模型二		回归模型三	
	β	t	β	t	β	t
战略适应能力	0.658***	12.648	0.610***	10.119	0.610***	10.078
技术累积性			0.093	1.547	0.093	1.537
战略适应能力×技术累积性					0.001	0.015
R^2	0.432		0.439		0.439	
F值	159.976***		81.715***		54.216***	

注：因变量——组织绩效；*** 表示 $p<0.001$，** 表示 $p<0.01$，* 表示 $p<0.05$（双侧）。

接下来需要研究技术范式的子项目技术机会、收益可获得性、知识基础在组织战略适应能力的两个不同方面，即资源灵活性和协调灵活性上，分别与组织绩效的关系中的调节作用。如果仅仅考虑资源灵活性对组织绩效的影响，资源灵活性对组织绩效变化的解释 R^2=0.303；加入技术机会变量后，模型对组织绩效变化的解释增大，R^2=0.471；再加入资源灵活性与技术机会的交互项之后，模型对组织绩效变化的解释程度进一步增强，R^2=0.587。层级回归结果显示，技术机会在资源灵活性与组织绩效的关系中起到了调节作用，假设 H5a 得到支持，见表 5-15。加入收益可获得性变量后，模型对组织绩效变化的解释增大，R^2=0.361；再加入资源灵活性与收益可获得性的交互项之后，模型对组织绩效变化的解释程度增大，R^2=0.421。层级回归结果显示，收益可获得性在组织资源灵活性与组织绩效的关系中起到了调节作用，假设 H6a 得到支持，见表 5-16。加入技术累积性变量后，模型对组织绩效变化的解释增大，R^2=0.328；再加入资源灵活性与知识累积性的交互项之后，模型对组织绩效变化的解释程度增大，R^2=0.428。层级回归结果显示，技术累积性在组织资源灵活性与组织绩效的关系中起到了调节作用，假设 H2a 得到支持，见表 5-17。

表 5-15　资源灵活性、技术机会与组织绩效的回归结果

自变量	回归模型一		回归模型二		回归模型三	
	β	t	β	t	β	t
资源灵活性	0.550***	9.544	0.233**	3.881	0.244***	4.049
技术机会			0.547***	9.129	0.335***	8.862
资源灵活性×技术机会					0.473***	11.487
R^2	0.303		0.471		0.587	
F 值	91.092***		105.071***		141.190***	

注：因变量——组织绩效；*** 表示 p<0.001，** 表示 p<0.01，* 表示 p<0.05（双侧）。

表 5-16　资源灵活性、收益可获性与组织绩效的回归结果

自变量	回归模型一		回归模型二		回归模型三	
	β	t	β	t	β	t
资源灵活性	0.550***	9.544	0.403***	6.224	0.308***	6.280
收益可获性			0.284***	4.383	0.279***	4.290
资源灵活性×收益可获性					0.151**	1.919

续表

自变量	回归模型一		回归模型二		回归模型三	
	β	t	β	t	β	t
R^2	0.303		0.361		0.421	
F 值	91.092***		59.104***		48.655***	

注：因变量——组织绩效；*** 表示 $p<0.001$，** 表示 $p<0.01$，* 表示 $p<0.05$（双侧）。

表 5-17　资源灵活性、技术累积性与组织绩效的回归结果

自变量	回归模型一		回归模型二		回归模型三	
	β	t	β	t	β	t
资源灵活性	0.550***	9.544	0.462***	7.138	0.262***	5.004
技术累积性			0.181*	2.800	0.181*	2.786
资源灵活性 × 技术累积性					0.237**	4.123
R^2	0.303		0.328		0.428	
F 值	91.092***		50.949***		53.811***	

注：因变量——组织绩效；*** 表示 $p<0.001$，** 表示 $p<0.01$，* 表示 $p<0.05$（双侧）。

如果仅考虑协调灵活性对组织绩效的影响，协调灵活性对组织绩效变化的解释 $R^2=0.414$；加入技术机会变量后，模型对组织绩效变化的解释增大，$R^2=0.530$；再加入协调灵活性与技术机会的交互项之后，模型对组织绩效变化的解释程度进一步增强，$R^2=0.602$。层级回归结果显示，技术机会在协调灵活性与组织绩效的关系中起到了调节作用，H5b 得到支持，见表 5-18。加入收益可获得性变量后，模型对组织绩效变化的解释增大，$R^2=0.426$；再加入协调灵活性与收益可获得性的交互项之后，模型对组织绩效变化的解释程度增大，$R^2=0.427$。层级回归结果显示，收益可获得性在组织协调灵活性与组织绩效的关系中起到了调节作用，假设 H6b 得到支持，见表 5-19。加入技术累积性变量后，模型对组织绩效变化的解释增大，$R^2=0.431$；再加入协调灵活性与技术累积性的交互项之后，模型对组织绩效变化的解释程度不变，$R^2=0.431$。层级回归结果显示，技术累积性在组织协调灵活性与组织绩效的关系中的调节作用的假设 H7b 部分得到支持，见表 5-20。

表 5–18 协调灵活性、技术机会与组织绩效的回归结果

自变量	回归模型一		回归模型二		回归模型三	
	β	t	β	t	β	t
资源灵活性	0.644***	12.190	0.340**	5.342	0.339***	5.306
技术机会			0.456***	7.157	0.256***	4.745
协调灵活性 × 技术机会					0.213**	4.266
R^2	0.414		0.530		0.602	
F 值	148.585***		117.674***		128.124***	

注：因变量——组织绩效；*** 表示 $p<0.001$，** 表示 $p<0.01$，* 表示 $p<0.05$（双侧）。

表 5–19 协调灵活性、收益可获性与组织绩效的回归结果

自变量	回归模型一		回归模型二		回归模型三	
	β	t	β	t	β	t
协调灵活性	0.644***	12.190	0.555***	8.156	0.559****	8.180
收益可获性			0.138*	2.029	0.138*	2.018
协调灵活性 × 收益可获性					0.040	0.755
R^2	0.414		0.426		0.427	
F 值	148.585***		77.454***		51.720***	

注：因变量——组织绩效；*** 表示 $p<0.001$，** 表示 $p<0.01$，* 表示 $p<0.05$（双侧）。

表 5–20 协调灵活性、技术累积性与组织绩效的回归结果

自变量	回归模型一		回归模型二		回归模型三	
	β	t	β	t	β	t
协调灵活性	0.644***	12.190	0.579***	9.898	0.580***	9.871
技术累积性			0.143*	2.451	0.145*	2.459
协调灵活性 × 技术累积性					–0.014	–0.259
R^2	0.414		0.431		0.431	
F 值	148.585***		79.069***		52.499***	

注：因变量——组织绩效；*** 表示 $p<0.001$，** 表示 $p<0.01$，* 表示 $p<0.05$（双侧）。

四、假设检验小结

本书通过回归分析检验了研究中提出的理论模型，分别对组织战略适应能力与组织绩效的关系、组织吸收能力在适应性和绩效关系中的中介作用，以及技术范式变革程度对适应性和绩效关系的调节作用进行了假设检验。将统计分析结果汇总如下：

表 5–21　假设检验结果汇总表

编号	变　量	假设关系	是否支持
H1	战略适应能力与组织绩效的关系	正相关	支持
H1a	资源灵活性与组织绩效	正相关	支持
H1b	协调灵活性与组织绩效	正相关	支持
H2	战略适应能力与组织吸收能力的关系	正相关	支持
H2a	资源灵活性与吸收能力的关系	正相关	支持
H2a1	资源灵活性与知识获取能力	正相关	支持
H2a2	资源灵活性与知识消化能力	正相关	支持
H2a3	资源灵活性与知识转化能力	正相关	支持
H2b	协调灵活性与吸收能力的关系	正相关	支持
H2b1	协调灵活性与知识获取能力	正相关	支持
H2b2	协调灵活性与知识消化能力	正相关	支持
H2b3	协调灵活性与知识转化能力	正相关	支持
H3	组织吸收能力与组织绩效的关系	正相关	支持
H3a	知识获取能力与组织绩效	正相关	支持
H3b	知识消化能力与组织绩效	正相关	支持
H3c	知识转化能力与组织绩效	正相关	支持
H4	组织吸收能力对战略适应能力与组织绩效关系的中介作用	存在	支持
H4a	知识获取能力对战略适应能力与组织绩效关系的中介作用	存在	部分支持
H4a1	知识获取能力对资源灵活性与组织绩效关系的中介作用	存在	支持
H4a2	知识获取能力对协调灵活性与组织绩效关系的中介作用	存在	不支持
H4b	知识消化能力对战略适应能力与组织绩效关系的中介作用	存在	支持
H4b1	知识消化能力对资源灵活性与组织绩效关系的中介作用	存在	支持
H4b2	知识消化能力对协调灵活性与组织绩效关系的中介作用	存在	支持
H4c	知识转化能力对战略适应能力与组织绩效关系的中介作用	存在	支持
H4c1	知识转化能力对资源灵活性与组织绩效关系的中介作用	存在	支持

续表

编号	变 量	假设关系	是否支持
H4c2	知识转化能力对协调适应性与组织绩效关系的中介作用	存在	支持
H5	技术机会对战略适应能力与组织绩效的关系的调节作用	正向调节	支持
H5a	技术机会变化对资源灵活性与组织绩效的关系的调节作用	正向调节	支持
H5b	技术机会变化对协调灵活性与组织绩效的关系的调节作用	正向调节	支持
H6	收益可获得性对战略适应能力与组织绩效的关系的调节作用	正向调节	部分支持
H6a	收益可获得性对资源灵活性与组织绩效的关系的调节作用	正向调节	支持
H6b	收益可获得性对协调灵活性与组织绩效的关系的调节作用	正向调节	支持
H7	技术累积性对战略适应能力与组织绩效的关系的调节作用	正向调节	部分支持
H7a	技术累积性对资源灵活性与组织绩效的关系的调节作用	正向调节	支持
H7b	技术累积性对协调灵活性与组织绩效的关系的调节作用	正向调节	部分支持

第六章　案例研究

本章在前文研究的初步结论的基础上，以 IBM 这家 IT 行业中的领先企业为例，考察了技术范式变革环境中组织战略的演变，以及由此带来的组织绩效、组织竞争力的变化，描述了 IBM 在处理外部环境信息中的得失，考察了组织吸收能力在 IBM 外部环境信息、组织战略、组织绩效方面发挥的中介作用。

一、吸收能力：IBM 在 PC 与大型机之间的抉择

（一）微处理器不断增长的性能

计算机行业的技术演进与半导体技术的发展密不可分。20 世纪 40 年代以来，半导体技术的发展以及市场需求深刻影响了计算机行业的市场结构以及行业内企业组织的业务边界。Malerba、Nelson、Osenigo and Winter［2008（1），2008（2）］的研究揭示了计算机和半导体行业相互依赖的发展历程（见图 6–1）。

世界上第一个微处理器——Intel 4004 是在 1971 年由 Intel 公司首先研发生产出来的。早在 1964 年，Intel 公司的主席和共同发起人戈登摩尔就指出，随着平面晶体管的发明，高级集成电路上的元件数目每一年就会增长一倍，这就是著名的摩尔法则。根据微处理器性能指标 MIPS（百万指令每秒），从最初的 Intel 4004 到 80486，微处理器在 20 年时间里，性能增长了 280 倍，并且处于不断增长的发展趋势中（见表 6–1）。

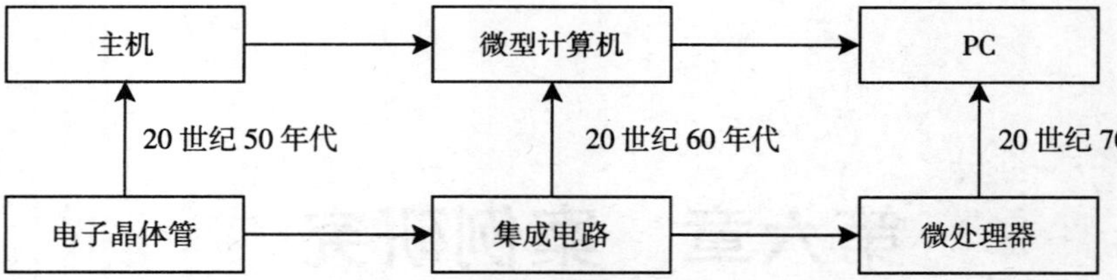

图 6-1　半导体及计算机行业的发展

资料来源：F. Malerba，L. Orsenigo，R. Nelson and S. Winter. Public policies and changing boundaries of firms in a "history-friendly" model of the co-evolution of the computer and semiconductor industry ［J］. Journal of Economic Behavior and Organization，2008（67）：355-380.

表 6-1　微处理器不断增长的性能

时间	型号	频率	晶体管数	意　义
1971	Intel 4004	108 kHz	2300	第一个商用微处理器
1972	Intel 8008	0.5 MHz, 0.8 MHz	3500	8 位元处理器
1974	Intel 8080	2 MHz	6000	第一款个人电脑 altair 的处理器
1978	Intel8086 8078 8088	5 MHz 8 MHz 10 MHz	29000	8088 成为 IBM 首批 PC 的处理器
1982	Intel 80286	6 MHz 8 MHz 10 MHz 12.5 MHz	143000	16 位元处理器，全兼容处理器
1985	Intel 80386	12.5 MHz 20 MHz, 25 MHz 33 MHz	275000	32 位元处理器， PC 的应用扩展到商务和个人领域
1989	Intel 80486	25 MHz 33 MHz 40 MHz 50 MHz 100 MHz	1250000	声音、影像处理能力大幅度提升
1994	Intel Pentum	200 MHz	3300000	声音、影像处理能力进一步提升

资料来源：根据 www.sina.com 有关资料整理。

（二）小型计算机对大型机的不断取代

微处理器性能不断增长对 IT 行业发展的意义在于：按照单位信息的处理成本来衡量，小型计算机变得功能越来越强大，而价格越来越便宜。这就意味着，小型计算机，特别是个人电脑，开始逐步取代大型计算机。到 1984 年，个人电脑和工作站在欧洲电脑市场上的市场份额已经达到 40% 左右，并且呈现出继续增长的趋势。而当时欧洲市场正是 IBM 最为重要的市场之一。如图 6-2 所示：

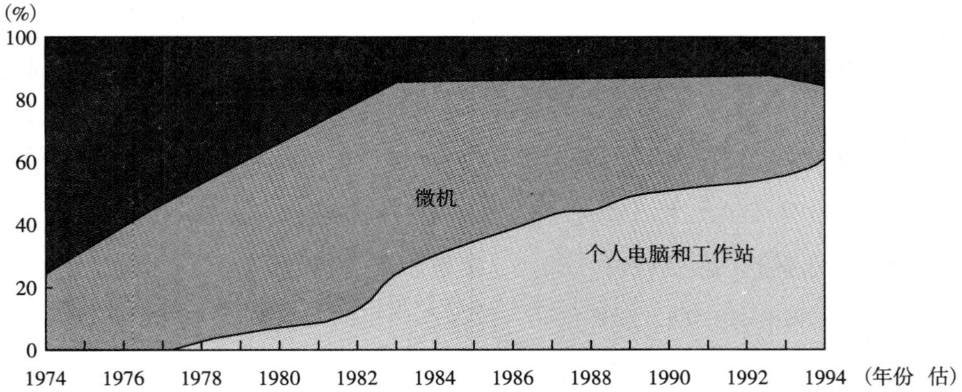

图 6-2 欧洲计算机市场的份额（按产品类别）

资料来源：马丁·弗朗斯曼. 信息、知识、愿景与企业理论，技术、组织与企业竞争力 [M]. 上海：上海人民出版社，2005.

（三）IBM 对大型计算机的信念

在 20 世纪 80 年代以前，计算机都是像大象般巨大，而且价格昂贵，可以使用计算机的场合，几乎都是要进实验室的。随着半导体技术的发展，计算机体积缩小、成本下降成为可能，很多公司开始致力于将计算机体积缩小。作为行业中的领先者，早在 20 世纪 60 年代，IBM 通过对市场和技术环境的持续监测发现，微处理器性能比正在逐步增强，并有替代大型计算机的可能性。1972 年成为 IBM 首席执行官的 Frank T. Cary 早在 20 世纪 60 年代就意识到了个人电脑未来的发展趋势，他确信计算机行业未来的增长来源于小型电脑，并引导 IBM 进入微型计算机领域，成功建造了世界上最早的个人电脑 SCAMP。

IBM 意识到个人电脑的巨大潜在市场。为此，IBM 成立了一个特别小组，启动了一个叫“象棋”（project chess）的项目，研发新一代个人电脑，代码为“橡子”（acorn）。1975 年，他们就推出了 IBM 5100，但是其高昂的价格（1 万美金）无法被个人用户所接受。1981 年，IBM 推出在 Intel 8088 信息处理器上运行的个人电脑，这种 5150 型计算机是现代 PC 的原型，并在 MS-DOS（微软磁盘操作系统）上运行。

IBM 在个人电脑技术上的领先优势却没有转化为商业上的成功，IBM 主要的利润来源仍然来自 S/360 主机系列。20 世纪 60 年代，IBM 开发出 S/360 主机系列，这是一种全兼容电脑和计算机外围设备的产品系列。首先，它用现代而且高性能的集成电路建造而成，这使它同时具有更强的功率、更大的可靠性以及更低的价格，另外，它可以跟家族中的任何一个处理器兼容。S/360 对于 IBM 的意义及对计算机领域的巨大影响就相当于 Windows 操作系统对微软公司及个人电脑所产生的影响。尽管 IBM 被认为是一家拥有数千种产品的综合性公司，但是，公司的绝大部分业务，包括硬件、软件、销售以及服务都是专门与 S/360 配套的，直到 20 世纪 80 年代中期，IBM 都是一家生产主机的单一产品公司，其他一系列价值数十亿美元的产品、技术都只不过是围绕其主机产品而开发出来的配套产品。此外，主机产品一直是 IBM 的利润金矿，这个系列的诞生，使得 IBM 得以主宰计算机领域长达 30 年之久。自 S/360 诞生以来，IBM 在计算机市场上的份额不断上升，1965~1985 年公司的年销售收入一直以 14%的增长率持续增长，毛利润也以 60%的速度增长，市场份额在 1984 年突破了 30%，因此导致美国司法部自 1969 年开始长达 13 年的反托拉斯诉讼。

20 世纪 70 年代以来，微处理器技术的发展、IBM 自身在个人电脑技术上的积累并没有使公司意识到计算机行业中技术范式的重大变革，IBM 的领导者直到 20 世纪 90 年代初仍然相信大型计算机有能力维持公司的成长、盈利能力和规模扩张。IBM 对大型机的信念最明显地体现在它在 1984 年做出的一个著名的预测：大型计算机的收入将从 1990 年的 1000 亿美元增长到 1994 年的 1850 亿美元。而事实是：1990 年大型计算机的销售收入降到了 690 亿美元，1991 年降至 647 亿美元，1992 年进一步下降到 645 亿美元。

（四）信息为什么不能带来商业成功

20 世纪 80 年代以来，由于计算机行业正处在更新换代的变革时期，硬件产品利润率下降，同时竞争日趋激烈，市场遭到反应快且生命力极强的新兴企业的蚕食，IBM 的传统优势业务——大型主机销售急速下滑，个人电脑业务则一直不景气，由 IBM 初创的软硬件捆绑销售的模式也遭到了挑战。Ferguson C.H. and C.

R.Morris（1993）解释了 IBM 在 20 世纪 90 年代的衰退：“令人惊奇的是，IBM 的高级管理层忽视了 20 世纪 70 年代和 80 年代计算机行业正在经历的根本变化，即 360/370（IBM 在 1964 年和 1970 年分别引入的主要大型机系列）——事实上整个大型机技术——已经走向了死胡同。”《经济学家》（1993）指出，“比起他们的竞争者来说，Achers 先生（1985~1993 年 IBM 首席执行官）和他的同事们获得的行业信息更多……但过多的信息并没有使他们做得更好”。L.Gestener 后来在谈到 IBM 的个人电脑业务时，认为“尽管不能过于简单地认为 IBM 最大的问题就是没能主导个人电脑市场，但显然公司已经充分理解两点：个人电脑将最终应用于商业和企业之中……我们没有迅速抓住个人电脑市场，而且没有使之成为公司的优先发展业务；因为我们没有人认为个人电脑将会挑战 IBM 的核心大型计算设备，所以我们放弃了对个人电脑最高的价值部分的控制权，而微软却成功拥有了操作系统，英特尔也成功控制了微处理器技术，当我加盟 IBM 的时候，这两家公司已经从 IBM 手中夺走了计算机行业的最高控制权”。1993 年 1 月，IBM 宣布在 1992 年亏损 49.7 亿美元，这是美国公司历史上最大的年度亏损。

IBM 在 20 世纪 90 年代的衰退可以从企业文化、组织结构等多个方面进行解释。IBM 垂直整合性的组织结构以及 30 年的市场领导者地位使得公司不得不承担庞大的管理成本和官僚化的企业文化。在企业文化方面，IBM 秉承管理人员不外聘和员工终身雇用制两项传统，使得企业内部组织僵化，结构臃肿，难以对市场做出及时反应；在销售方面，IBM 对市场的控制并不完全由于先进的技术，还依赖于对分销渠道的控制；客户关系方面，IBM 将股东利益，而不是顾客利益放在第一位，这导致了战略上的短期行为；研发方面，20 世纪 90 年代初，IBM 每年的研发费用在 70 亿美元左右，而同期的竞争对手们，如 DELL，却几乎没有任何研发支出。IBM 的研发预算中，10%用于基础性研究，90%用于产品开发，而这些研发成果推向市场的平均周期为 10 年。关系数据库、网络硬件、网络软件、UNIX 处理器以及其他很多的成果，都是 IBM 研发出来的，但却被诸如甲骨文、太阳微系统、思科等竞争对手成功应用。造成这种局面的一个原因是研发者不了解市场，而且缺乏足够的激励，还有一个原因是公司在战略资源的分配上以主机为主，将新技术市场化将意味着资源的重新分配。

IBM 的企业文化、组织结构、资源分配和使用方式都阻碍了组织对外部市场信息和技术发展趋势的深刻理解，尽管公司拥有强大的研发实力、巨大的技术优势、全面的技术和市场信息，但由于组织获取的信息（微处理器不断增长的性能、小型计算机对大型机的替代能力、市场对小型机的认可等）与组织的信念（大型机能够维持公司盈利能力、增长能力等）产生了背离，直到 20 世纪 90 年代初，组织内部以大型机为主要利润来源和增长动力的盈利模式难以为继，公司财务出现巨大亏损，IBM 对大型机的信念终于瓦解。

IBM 对外部技术和市场信息的处理带来的问题是：为什么全面的外部技术、市场信息没有转化成为组织的战略和行动？弗朗斯曼（1993）将 IBM 出现的信息与信念的背离称为“IBM 悖论”，他认为导致 IBM 悖论的原因有三：第一，IBM 在大型机上曾经获得的成功，尤其是 S/360 系统的辉煌，加强了公司管理者对大型机的信念，掩饰了大型机面临的技术和市场的危机；第二，公司在 20 世纪 70 年代初启动了一个“未来系统项目”，该项目旨在寻求大型计算机的技术突破，这一项目在 20 世纪 70 年代中期遭到失败，打击了 IBM 管理层的信心和士气，导致了坚守以往信念的保守倾向；第三，大型机在市场上长期的成功导致了组织资源分配和使用上的惯性，以及大型机部门的霸权和官僚作风，担心资源分配流向新的产品和技术会腐蚀作为公司“救生艇”的大型机系列。

由此可见，企业要成功应对外部环境变化，必须对外部环境新知识做出及时、有效的反应。马丁·弗朗斯曼根据企业组织对外部信息的不同反应，将企业组织区分为“对信息问题自然反应的企业”和“对知识自然反应的企业”。组织获取的关于外部环境的信息并不能自然转化为组织对外部环境的理解，信息不能等同于知识，企业活动的常规化很大程度是对信息量（及其复杂程度）的一种反应。企业知识存储于企业的日常程序中，这是不同企业之间差异的根源，与选择机制一道，这种差异推进了组织的演化过程。企业组织并不是对信息自然反应的组织，而是对知识自然反应的组织，企业组织应当被视为“知识的集合”，组织对外部环境信息的了解只有经过组织的消化、吸收，转化成组织关于外部环境的知识，继而转化为组织战略，形成组织在战略上的适应能力。

二、计算机行业技术范式和市场结构变化对IBM 战略演化的影响

(一) 计算机行业的技术变革及市场结构变化

自 20 世纪 40 年代计算机开始进入商业用途到现在，在计算机行业 70 年的发展历程中，经历了持续的技术变革。这种持续的技术变革对行业市场结构以及 IBM 的发展战略起到了重大影响，为研究行业的技术变革提供了很好的研究范本。

1. 计算机行业的技术变革

自 20 世纪 40 年代以来，计算机行业经历了一系列突破性的技术创新，行业主导的技术范式从主机到微型计算机，再到个人电脑，直到 20 世纪 80 年代信息技术时代出现，行业技术范式一直处于持续变革当中。

（1）主机时代。20 世纪 40 年代，大型主机开始进入商业用途，客户是为数不多的几家大公司、大学及公共研究机构，主要处理繁重的计算任务。大型主机最初使用的是真空管，20 世纪 50 年代初，晶体管技术取代真空管，提高了大型主机的性能，并降低了成本。

（2）微型计算机时代。20 世纪 50 年代末，集成电路问世。集成电路在计算机中的应用大大提高了产品的性能，降低了成本，开启了微型计算机的新时代。1965 年，DEC 推出了真正被业界认可的世界上第一台标准微型机 PDP-8。微型计算机的出现创造了行业中的一个新市场，满足了小型公司、中型研究机构以及一些制造业公司对计算机的需求。

（3）个人电脑时代。20 世纪 70 年代初，Intel 开发出世界上第一个微处理器 4004。微处理器技术的产生使计算机行业出现了个人电脑。20 世纪 80 年代中期，由太阳微系统公司和惠普公司率先研制出一种开放式的、即插即用的操作环境 UNIX，在 UNIX 操作平台上，任何其他公司都可以为计算机系统的整体解决

方案制造其中的部分产品，打破了 IBM 的设备整体控制权，个人电脑制造商，如 Apple、Compaq、DELL 等纷纷进入个人电脑市场。到 20 世纪 80 年代末，这些制造商的兼容机已经占据了 55%的全球市场。

(4) 信息技术时代。20 世纪 70 年代以来，光纤通信走向实用化，移动通信系统走向商用，微型电脑普及，World Wide Web 软件开发成功，Internet 搜索程序 Archie 问世，局域网交换机研制成功，Internet 浏览器出现，这一系列的技术进步标志着信息技术时代的来临。与此同时，计算机行业进入相对成熟阶段，行业增长率从连续十年的两位数下降到零；市场竞争加剧，行业领导者市场份额下降，产品从差异化转向标准化，成本更低、价格更低、利润更低。

20 世纪 90 年代初，随着互联网技术的发展，计算机行业出现了新的技术趋势：一是"网络型计算"的出现，海量数字信息的处理将依赖于大规模的处理系统而非个人电脑；二是源于顾客需求的系统整合，客户需要的是能够将不同系统进行整合，并提供集成式软件和服务的"整体解决方案"。一些观点认为，只有当 IT 变成一种基础性技术，成为一种普通的资源时，它才能为大多数企业所应用，它的经济和社会效益才能最大化（Karl，2003）。基于这些变化，计算机行业由"技术驱动"转向"服务驱动"，并重新出现了纵向整合的趋势。

2. 行业市场结构变化

在计算机产业发展初期，行业内主导的产业模式是一种整合的"一揽子"业务模式。计算机生产商不仅提供电脑，还提供诸如微处理器和存储器等配套设施以及与硬件相匹配的软件及所有的系统安装和维护。

图 6-3 这个层次结构图展示了一个典型的计算环境中的主要组成部分。其中，底层基础是可以组装成硬件产品的构件，位于中间层次的是操作系统、中间件和软件应用程序，而整个服务支持系统则位于结构的最高层。这种"一揽子"的业务模式是 IBM 创造的，而且直到 20 世纪 80 年代中期，一直是计算机行业的主要产业模式。当时计算机产业内的主要厂商，如巴勒斯电脑公司（Burroughs）、Sperry 计算机公司（这两家公司后来合并为一家纵向一体化的计算机公司 Unisys）、通用自动计算机公司（Univac）、美国国立现金出纳机公司（NCR）、控制数据公司（Control data）、霍尼韦尔公司（Honeywell）、王安公司以

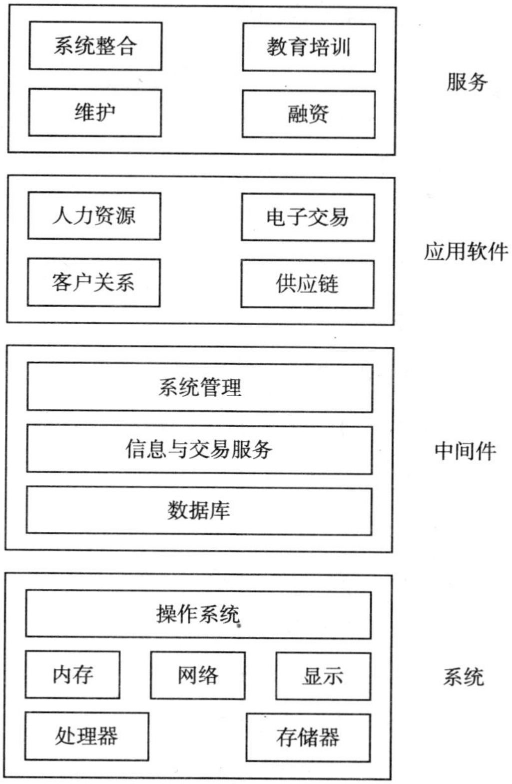

图 6-3　计算机行业层次结构图

资料来源：郭士纳.谁说大象不能跳舞［M］. 张秀琴，音正权译. 北京：中信出版社，2012.

及日本的 NEC 公司都是这种纵向业务整合的公司。

20 世纪 80 年代后期，微处理器的出现、UNIX 操作系统的兴起以及电脑小型化的趋势结束了以 IBM 为代表的纵向整合的大型电脑公司主宰的时代，计算机行业发生了根本性的转变：一是小规模的新兴公司开始生产和提供一些计算机硬件成品的构件，而且客户也开始自行购买和整合这些基础构件，这对整合型公司的“捆绑式”销售和“一揽子”的服务提供模式造成了巨大打击；二是基于不同的操作系统，计算机行业逐步分化为两个阵营。这两个阵营一是建立在开放的 UNIX 操作系统上的，二是建立在封闭的英特尔/微软操作平台上的，到 20 世纪 90 年代初，这两种操作系统已经占据了 80%的市场份额。计算机行业由纵向整合走向横向分拆，整个计算机市场被划分为几个细分市场，形成了计算机、芯片

(微处理器)、操作系统、应用软件等横向联系的细分市场。在计算机硬件制造领域，康柏、戴尔、惠普等新兴公司凭借个人电脑取代微型计算机的市场机遇，占据了个人电脑市场 90% 的份额；在芯片领域，英特尔微处理器与提供其他架构的微处理器公司，如摩托罗拉等进行竞争；在操作系统领域市场也形成了几个品牌竞争的局面，20 世纪 80 年代最流行的微软公司的 DOS 操作系统经过改良，形成了 Windows 系统，与 IBM 的 OS/2、苹果公司的 MAC 以及其他一些基于 UNIX 的操作系统进行竞争；在应用软件领域，除了微软的 Word、Excel 等办公软件之外，SAP、PeopleSoft、EJ Edwards 等新兴的软件公司也提供计算、文字处理、数据库包等各种应用软件。而行业内一些纵向一体化的大企业，也在这个时期技术和市场的变革中调整了发展战略，如 NCR，将业务重点从计算机制造转到微处理器，并在软件业务上做出了重要调整，将原来只能在它们自己的产品结构上运行的软件运用于各式微处理器；另一家大型计算机公司 Unisys 的战略中心从计算机设计、制造转向软件开发和产品服务上。

借用英特尔前 CEO 安迪·格鲁夫的描述，20 世纪 80 年代末，计算机工业经历了“旧式纵向型计算机工业”向“新的横向式计算机工业”的过渡阶段，从 20 世纪 80 年代初到 90 年代中期，计算机行业的市场结构大致经历了如图 6-4 所示的变化：

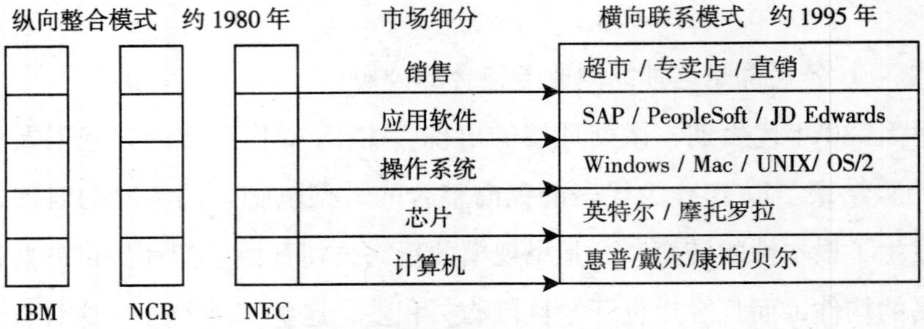

图 6-4　计算机行业市场结构变化

资料来源：安迪·格鲁夫. 只有偏执狂才能生存 [M]. 安然，张万伟译. 北京：中信出版社，2010.

(二) IBM 的战略演化

1. IBM 战略性业务及目标市场的演变

IBM 在 20 世纪 40 年代进入计算机行业，历经了该行业 70 年的变迁，在企业发展战略上也经历了从大型主机生产商到个人电脑生产商，再到整体服务提供商的演变，可以说，IBM 的每一次战略转型，都反映了行业技术上的重大变革。

20 世纪 40 年代初，IBM 通过与政府的 R&D 合同，在电子计算机业务方面积累了丰富的知识。随着计算机走向商业用途，IBM 从一家打孔机、刻度尺、奶酪机制造商进入计算机行业。20 世纪 60 年代，IBM 开发出 S/360 主机系列，这是一种全兼容电脑和计算机外围设备的产品系列，软件和外围设备随主机捆绑销售。当时，所有计算机公司按自己的标准生产一整套主机、外设、各种软件，不能相互兼容。这意味着客户更换主机时同时需要更换外围设备。而 S/360 可以运行和使用其他计算机公司生产的软硬件，这样，主机与外设或软件不必同时更换，大大节省了用户成本。该系列的诞生使得 IBM 形成了在计算机行业的统治地位。这个阶段，IBM 的战略定位是大型主机生产商，并为主机提供应用软件和技术服务。

IBM 在计算机行业长期的市场领导者地位产生了一系列负面问题：内部组织僵化，结构臃肿，难以及时对市场需求做出反应。20 世纪 70 年代，计算机行业进入微型计算机时代，市场上出现了 Apple、Compaq、DELL 等新公司，但作为大型主机生产商的 IBM 却没有认识到微型电脑未来会形成一个新的庞大市场，因而未能及时进入新市场，从而未能像在主机市场一样，在微型计算机市场上取得主导地位。由于此时 IBM 的主导产品 S/360 主机系列采用的是集成电路，IBM 开始进入半导体行业，形成了芯片、主机、技术服务的纵向一体化，因此其在 20 世纪 80 年代持续了在主机市场的统治地位。

20 世纪 80 年代末，IBM 决定进入个人电脑业务。此时，计算机行业已经分拆为芯片、计算机、操作系统、应用软件等不同的细分市场。由于在个人电脑市场上 IBM 已经丧失了领先者优势，而且在芯片、软件及外围设备方面，与专业公司相比缺乏竞争优势。这个阶段，IBM 将发展战略调整为“专业个人电脑生产商”，建立了个人电脑的通用标准，将软件、配件、外围设备外包。它将操作系统外包给微软，将微处理器外包给英特尔，与微软、英特尔合作开发个人电脑。这个战略使 IBM 成功进入个人电脑市场，但微软、英特尔逐渐取得了各自领域的统治权，IBM 丧失了行业标准的制定者的地位。2005 年，IBM 以 12.5 亿美元的价格将其全球个人电脑业务出售给中国联想，退出了个人电脑市场。

由于计算机行业处在持续的变革之中，硬件产品利润率下降，同时竞争日趋激烈，IBM 的传统优势业务——大型主机销售急速下滑，个人电脑业务也一直不景气，20 世纪 80 年代末开始，IBM 陷入持续亏损，1992 年亏损额达到 49.7 亿美元，成为美国历史上最大的年度亏损。同时，计算机行业处于横向分拆的格局，客户越来越需要将各种供应商提供的 IT 部件、操作系统、应用软件整合到企业的业务流程中。20 世纪 90 年代初，基于对互联网发展以及网络化计算模式的预期，以及对市场及行业技术发展的理解，IBM 将其发展战略进行了重大调整，将其战略中心从“电脑生产商”转向提供整体解决方案的服务提供商，将公司业务集中在两个方面：将各种供应商提供的电脑零部件进行整合，并将技术整合到客户的业务流程中，为客户提供“整体解决方案”；为网络化计算提供服务标准，为客户提供可以“跨平台”运行的“中间件”产品，如数据库、系统管理软件以及交易管理程序等，IBM 开始了从技术型公司向服务型公司的战略转型。为此，IBM 调整了其硬件业务，将硬盘、PC、打印机、芯片等业务逐步出售，战略重心转向包括存储、网络计算在内的 IT 基础架构。同时，加强软件业务和咨询服务。1995 年成立了 IBM 软件集团，整合了包括 Lotus、WebSphere、DB2、Rational、Tivoli 的五大软件品牌，2002 年收购了 Pricewaterhouse 的咨询业务，逐步确立起了以 IT 基础设施、软件、咨询服务为核心业务的整合战略。

IBM 从设备供应商到服务提供商的战略转型，在很大程度上是顺应了互联网的发展。20 世纪 70 年代到 90 年代，互联网技术经历了逐渐成熟的过程。IBM 敏锐地觉察到互联网在商业中广阔的应用前景，提出了“网络化战略”的构想和“电子商务”的概念。在这种以网络为中心的商业模式中，IBM 的战略是向客户提供包括 IT 基础设施、软件和企业流程改造的“整体解决方案”，用“电子商务”替代传统商业模式。“电子商务”战略为 IBM 带来了商业上的巨大成功，在经历了 1991~1993 年高达 80 亿美元的亏损之后，1996 年 IBM 实现了 770 亿美元的营业收入和 60 亿美元的利润，也是在这个过程中，IBM 实现了向服务提供商的转型。

电子商务的核心是“用 IT 技术支持企业管理变革”。但企业每一次管理变革，都面临着一个无法回避的问题，即“整合”：在不同的服务器、存储设备、操作系统、应用软件及业务流程之间一次次地进行整合。巨大的整合成本影响了企业在电子商务上投资的积极性。IBM 适时提出了“电子商务随需而变”的新战略，强调兼容、开放的计算环境，使硬件、软件和数据存储变成一种公共基础设施，客户按需取用；在兼容、开放的技术平台上，为客户提供包括产品、市场、政策等的全面的信息服务，使企业行为能及时响应并实时影响市场，以保证用户企业的竞争力。21 世纪初，电子商务的发展出现了“瓶颈”。电子商务要进一步发展仅靠企业自身无法实现，还需要包括政府、社区等整个社会、整个生态链的配套环境支持，这已经不是技术问题，而是基于整个社会的系统工程。基于这样的背景，IBM 提出了“智慧地球”的战略。比“电子商务”更进一步的是，“智慧地球”是提出 IT 技术与社会的融合，将实物基础设施与 IT 基础设施融为一体的智慧的全球基础设施。

值得注意的是，20 世纪 80 年代以来，随着 IT 行业技术不断发展，IBM 经历了主机—个人电脑—软件（中间件）—IT 整体解决方案的演变（见图 6–5），但是直到 21 世纪初，IBM 的业务仍然涉及 IT 服务、硬件、企业软件、高性能电脑芯片等业务，可以说其依然涉足多元市场。但与 20 世纪 60 年代的垂直体系不同的是，这些细分市场的业务是紧紧围绕“IT 整体服务”这一战略核心展开的，IBM 通过改造传统的产品线，启动新的业务增长点，并及时剥离与战略核心不相关的业务，逐步实现了战略业务转型。

图 6–5　IBM 战略业务及目标市场演变

2. IBM 组织惯例及组织行为的演变

成功的企业往往会总结引领企业成功的因素，并在长期的实践中逐步强化，使之成为“组织惯例”，凝结成为企业文化的重要组成部分。当外部环境发生变化时，组织惯例由于其强大的嵌入性，很难在短时间内发生变化，这时候，组织惯例就会成为组织转型和提高组织适应能力的巨大障碍。

作为 IBM 的创始人，老沃森个人的价值观和信仰体现在 IBM 的各个方面。

老沃森有意识地把那些在他任职期间使IBM获得成功的价值观制度化，他把这些价值观总结成IBM的“基本信仰”：精益求精、高品质的客户服务、尊重员工个人。这些信仰反映在组织的方方面面：工资待遇、福利制度、管理制度、员工教育和培训、营销以及客户支持等。在很长一段时间里，这些基本信仰对形成纵向一体化的有效管理、塑造组织形象、引导IBM在商业上的成功起到了重要作用。

IBM纵向垂直的管理结构和30年行业领导者地位逐渐形成了组织内部严重的官僚作风和日益僵化的组织惯例，老沃森倡导的“基本信仰”也发生了质的变化：“精益求精”变成了一种检查、批准以及生效等一系列的缓慢的决策过程；“高品质的客户服务”变成了“在客户需要的前提下，用我们的机器服务”，脱离行业变化，变成了被动的“后勤服务”；“尊重员工个人”成了“不合作”的代名词，部门之间、员工之间缺乏合作，各自为政。20世纪90年代初，IBM的一次内部审查活动中，员工们普遍认为组织管理和流程中存在一系列严重问题：公司高层高高在上，脱离基层；中层经理满足现状，缺乏进取；产品价高质低；公司内部部门之间缺乏合作；公司内部各个管理阶层普遍缺乏客户关注；管理层流动过于频繁，造成缺乏专业技能，且难以考核其业绩等。

IBM僵化的组织惯例已经严重不适应外部技术和市场环境的变化，20世纪80年代中期以后，公司陷入长达10年的衰退。20世纪90年代初，公司在进行业务、组织结构的战略性调整的同时，对组织惯例也进行了一次彻底改革。这一时期，IBM提出了“原则性领导”，其基本内容包括：将市场作为一切行为的原动力；将公司定位为追求高品质的科技公司，科技是组织的核心优势，努力将知识转换为产品，满足客户需求；组织目标是客户满意和实现股东价值；创新精神；杰出和有献身精神的员工，团队精神；员工需求及社区需求。

从20世纪90年代中期开始，通过业务组合、资产、组织结构、人力资源等全方位的变革，IBM走出低谷，从“计算机制造商”转型为“服务提供商”，实现了“大象转身”，重新回到行业领导者的地位。2003年，IBM提出了“用价值观管理 ”的理念，在“基本信仰”的基础上，通过全体员工的价值观大讨论(Values Jam)，将公司的价值观重新定义为：对客户成功的承诺、创新、信任和个人责任。在 IBM 新的价值观体系中，强调客户导向、合作、创新和灵活性，将价值观作为组织活动的“导航系统”，达成对组织战略和使命的共识，并形成一整套员工随时随地可以参照的组织惯例。

3. IBM 组织边界变动

20 世纪 80 年代之前，IBM 是一家纵向整合的计算机公司，不仅提供电脑主机，还提供芯片、存储器等配套设施以及与硬件相匹配的软件及主机售后所有的系统安装和维护。20 世纪 80 年代后期，随着微处理器、UNIX 操作系统、微型电脑的兴起，行业内出现了大批新型电脑公司，这些公司通过提供“一揽子”业务中的某一种或某部分产品，将纵向整合的行业市场进行了横向细分，形成了电脑、芯片（微处理器）、操作系统、应用软件等细分市场。

行业内组织模式和竞争结构的变化对 IBM 产生了巨大的影响。作为 IBM 的核心业务和主要利润来源，S/360 主机面临日立、富士通以及阿莫达尔等同类产品的竞争，利润越来越薄；个人电脑业务方面，由于微软和英特尔分别控制了操作系统和微处理器两个关键构件，IBM 在个人电脑价格上也失去了主动权；软件方面，由于美国反托拉斯法的诉讼，IBM 被迫放弃了软硬件及外围设备捆绑销售的模式。同时，如前文所述，由于 IBM 在计算机行业长期的市场领导者地位产生的一系列负面问题，已经不能及时对市场需求做出反应，IBM 陷入持续亏损。基于对行业技术与市场变化的理解，以及来自股东和企业内部极大的经营压力，20 世纪 90 年代初，IBM 开始了战略调整。

20 世纪 80 年代末，IBM 总裁艾克斯提出了一个对 IBM 的分拆方案，目标是建立一个松散的“小 IBM”联盟，将公司拆分为 13 个中小型公司，赋予其更大的战略自主权和责任，来降低成本，提高销量和利润，缩短新产品研发周期，同时，这些小的业务单元更容易进行战略调整和转向。但是，IBM 的竞争优势来源于长期以来的关系资产、规模经济和范围经济，以及长期的巨额研发投资带来的技术优势，这种“分拆”的“小 IBM 联盟”将会对 IBM 传统的竞争优势造成巨大损害。从 20 世纪 90 年代初开始，IBM 根据对计算机行业网络化计算、互联网发展趋势的预见，对公司业务、资源、结构逐步进行了战略性调整。

第一，在组织结构设置上，将公司的业务流程进行彻底改造，将公司 24 个独立的事业部以客户为基础整合为11个行业集团，如银行、政府、保险、流通及制造等行业，以及1个涵盖中小企业的行业集团，并以此展开预算和人事安排。

第二，进行资产重组。出售非关键性资产来筹集发展战略性业务的资金，通过出售联邦系统公司等非关键资产以及一些技术使用权或技术构件，快速重组资产，并将资源大量用于并购新技术和开发新战略。

第三，重组关键性业务。将公司的核心业务从电脑主机调整为软件业务。IBM的软件业务是以硬件为基础的供货服务的一部分，与电脑硬件一起捆绑销售，而且这些软件产品只能和IBM公司所生产的硬件产品相匹配，而与其他任何一家公司的硬件产品都不兼容。1995年，IBM组建软件集团，收购Lotus莲花软件公司，将业务中心转移到软件业务。

20世纪90年代中期，IBM放弃了操作系统及应用软件业务，将战略业务定位于包括数据库及系统管理的中间层，2005年，IBM将个人电脑业务出售给联想集团，退出个人电脑市场，如图6-6所示。

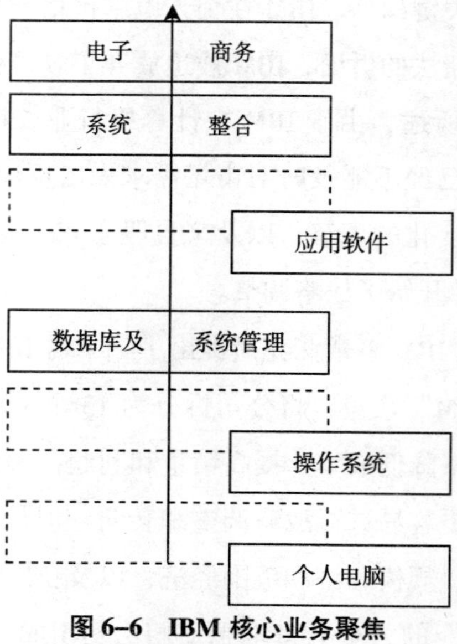

图6-6 IBM核心业务聚焦

IBM组织边界的变动还体现在企业战略联盟的变动，如表6-2所示，从20世纪80年代开始，IT行业知识基础和技术机会日益复杂，IBM在逐步将业务聚焦的同时，通过组织间联盟来扩大企业知识基础和能力，扩大企业虚拟边界，而且 IBM 这个时期的战略联盟从紧密的资产型联盟逐渐向更加灵活的、松散的非资产联盟过渡，体现了 IBM 围绕核心业务重新定义组织边界的战略意图。

表 6-2　IBM 战略联盟变化

年份	联盟数量		主要合作领域
	资产型联盟	非资产型联盟	
1991~1992	10（18%）	45（82%）	电脑（23）
			操作系统及软件（23）
1996~1997	2（6%）	30（94%）	互联网（6）
			多媒体软件（11）
			浏览器软件（4）
2001~2002	3（5%）	56（95%）	互联网（12）
			软件（17）
			通信（15）
			手机（3）

资料来源：IBM's innovation network.

（三）IBM 战略适应性带来的组织绩效的变化

从 20 世纪 90 年代初开始，IBM 通过产品、市场范围、组织边界、组织行为和惯例等方面的战略性调整，逐步实现了从计算机设备供应商到整体解决方案提供商的演变，并带来了组织增长性盈利能力、利益相关者满意等方面的改善。

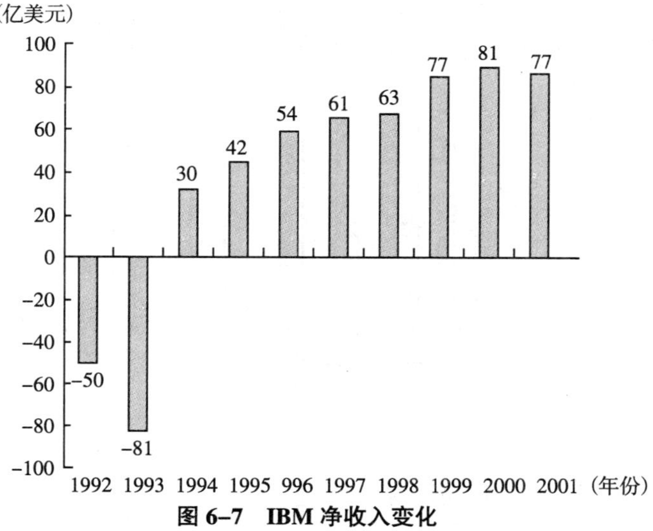

图 6-7　IBM 净收入变化

资料来源：郭士纳.谁说大象不能跳舞［M］.张秀琴，音正权译.北京：中信出版社，2012.

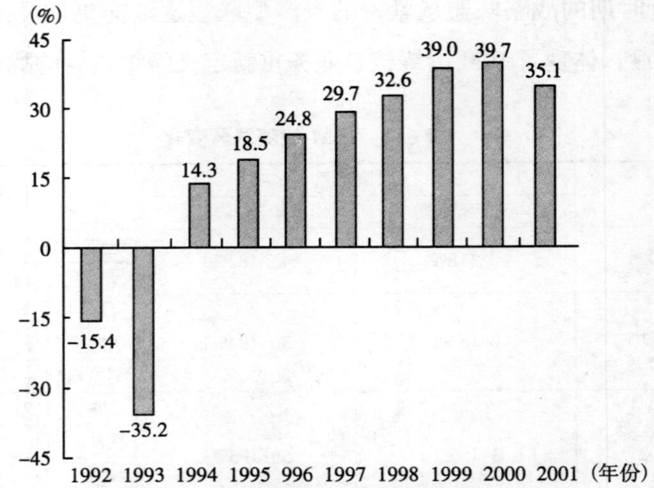

图 6-8 IBM 股东权益回报率变化

资料来源：郭士纳. 谁说大象不能跳舞［M］. 张秀琴，音正权译. 北京：中信出版社，2012.

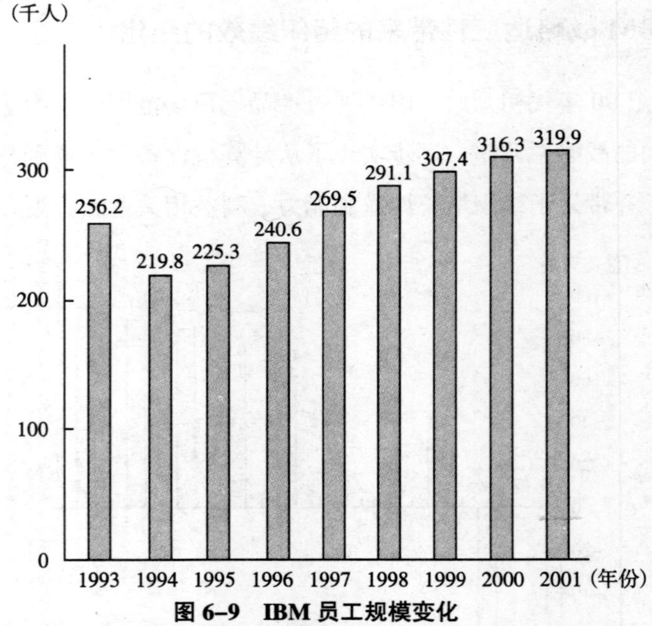

图 6-9 IBM 员工规模变化

资料来源：郭士纳. 谁说大象不能跳舞［M］. 张秀琴，音正权译. 北京：中信出版社，2012.

第七章　研究结论及应用

20 世纪 80 年代以来，企业组织的经营环境发生了重大变化。与信息时代之前的任何一个产业时代相比，现代产业组织所处的环境呈现出前所未有的动态性、复杂性和不可预测性，信息时代对企业组织而言，意味着一个前所未有的急剧变革的时代。对 IT/ICT 行业而言，作为组织环境中的重要组成因素，行业技术范式在从 20 世纪 80 年代以来的 30 年间，经历了翻天覆地的变化。在这种巨变的技术环境的影响下，企业组织的创新活动、组织边界、组织结构以及组织面临的市场结构、竞争程度、竞争层面、顾客需求等组织活动的方方面面经历着前所未有的挑战。组织赖以生存和发展的资源、能力等既有的竞争优势在已经发生、正在发生和即将发生的技术变革面前，已经变得岌岌可危。这种外部环境的不确定的变化促使企业界和理论界对“巨变时代的管理”产生了极大的关注，出现了大量的富有见地的管理实践案例和理论研究成果。这些案例和研究成果的一个核心命题，也是战略管理领域的核心，就是“在技术变革环境中，如何获取、保持组织竞争优势”。

战略管理理论对“在技术变革环境中，如何获取、保持组织竞争优势”这个问题的回答从 20 世纪 80 年代以来经历了一个持续发展的过程，目前很多学者的研究支持“组织的动态适应能力”作为组织竞争优势和高水平绩效的来源的观点，但“组织动态适应能力能否作为组织竞争优势的来源”一观点尚存争议。本书以“技术变革环境中组织的战略适应性”为中心命题，在组织“动态适应能力理论”和“组织演化理论”的基础上，提出了“战略适应能力能够提高组织绩效”的命题，围绕这一核心命题，进一步研究了“战略适应能力对组织绩效的作用机制”以及“技术范式动态变化程度对二者关系的调节作用”的命题，形成了一个较为完整的整合的研究框架，在此基础上进行了较为规范的实证研究，在大样本问卷调查的基础上，获得了研究的初步结论，并通过案例研究对初步的研究结论进行了验证和修正。

"技术范式变革环境中组织战略适应力与组织绩效"这一问题的重要理论和实践意义已经在本书前文进行了较为系统的论述。本章将基于本书的理论框架，首先总结本书的主要结论；其次以此为依据，阐述研究结论在理论研究和管理实践中的应用；最后总结本书的不足之处，为未来的研究指出方向。

一、研究结论及讨论

本书主要分析了组织战略适应能力与组织绩效的关系、战略适应能力对组织绩效的作用机制，以及技术范式变革的不同程度和层面在组织战略适应能力和组织绩效间的调节作用，主要研究结论及研究成果详述如下：

（一）组织战略适应能力与组织绩效之间的关系

本书将组织战略适应能力界定为"组织在资源配置和资源使用上的灵活性"，即战略适应能力包含两个层面的内容：资源灵活配置以及组织的灵活协调。通过对近20年来中国市场环境下ICT行业中企业组织的实证研究发现，组织战略适应能力与组织绩效之间的正相关关系得到支持，组织战略上的系统适应能力能够提高组织绩效，战略上具备适应能力的企业组织，在企业的竞争力、盈利能力、完成既定目标的能力、产品及服务范围、业务成长性、员工满意度等方面，都有不同程度的提高。

在组织资源灵活性方面，本书的研究结果支持"组织资源的灵活配置能够提高组织绩效"的理论假设。在中国市场环境下，企业组织在研发、生产、营销等环节上资源的灵活性能够提高组织的绩效水平。在组织协调的灵活性方面，组织对外部市场信息的持续监测、管理信息系统在日常管理中的运用、组织根据市场和技术环境的变化重新构造组织在开发、生产、分销、营销中可使用的资源链条的能力、内部结构上的灵活性，以及组织管理体系根据组织目标变化调节的能力，也就是说，组织在协调上的灵活性对组织绩效水平的提高的假设也得到了支持。关于组织战略适应能力与组织绩效间关系的研究结论如表 7-1 所示。

表 7-1　组织战略适应能力与组织绩效之间的关系

H1	战略适应能力与组织绩效的关系	正相关	支持
H1a	资源灵活性与组织绩效	正相关	支持
H1b	协调灵活性与组织绩效	正相关	支持

尽管如此，理论界和企业界对于组织的战略适应能力与组织绩效的关系还是应当持有审慎态度，如 Winter（2003）提出的组织适应能力的成本问题、Eithenhardt and Martin（2000）提出的不同市场环境中动态适应能力的适用、Gibson and Birkinshaw（2004）在对“组织两面性（organizational ambidexterity）”的研究中，提到组织在管理上的有效性与对环境变化的适应能力之间可能存在“抵消效应（trade-off）”，组织在内部结构上的灵活性、组织目标对技术变化的适应能力、管理体系对组织目标变化的适应能力必然带来组织成本的增加，在一定程度上会削弱组织管理上的有效性，如组织的执行力、组织完成既定目标的能力等。

（二）技术范式变革量表构建

为在企业组织层面研究外部技术范式变革对组织战略和行为的调节作用，本书的一个重要任务是构建技术范式这一调节变量的量表。现有文献中对技术范式的测量基本上是基于 Malerba and Orsenigo（1993）对技术范式组成因素的研究结论，将技术范式从“技术机会”、“技术受益可获得性”、“技术累积性”、“知识基础”四个方面进行解释和测量。Malerba、Orsenigo、Cohen and Levinthal（1989），Klevorick、Levin、Nelson and Winter（1995），Levin（1981），RUID2009 等对技术范式中“技术累积性”和“知识基础特性”的组成因素进行了定义和测量，从他们的研究中可以发现，新知识的特性与知识的来源密切相关，而知识来源已经影响了技术机会、技术受益可获得性、技术累积性特征，因此，为便于测量指标的衡量，本书将“技术累积性”与“知识基础”合并为一个指标，从“技术机会”、“技术收益可获得性”、“技术累积性”三个方面来衡量技术范式，形成了技术范式变量的一个三维测量指标。其中，“技术机会”指标从知识来源，新知识对生产效率、产品性能、产出的影响，以及新知识在产品和市场方面的多元化应用等角度来进行测量；“技术收益可获得性”从先行者优势、专利保护、保密措施的有效性、迅速大规模生产的可能性，以及对关键性辅助资产的控制等方面来测量；“技术累积性”从行业内或相关行业技术变革速率、现有技术对新技术的有用性、技术复杂性、技术默会性、技术在组织内部的普及性、技术发展的可预测性等方面进行了测量。

本书中技术范式量表的形成是一个对现有研究基础进行规范的过程。通过文献分析和整理、专家评估、预测试三个步骤形成了技术范式的初步测项；通过对测项进行了因子纯化，形成了一个较为稳定、有效的量表；通过对量表进行探索性因子分析和验证性因子分析，对因子的信度和效度进行了检验。问卷调查过程中对量表的使用证实了该量表具备较为理想的科学性和可操作性（见附录：问卷调查中使用的量表三）。

（三）技术范式对组织战略适应能力与组织绩效关系的调节作用

本书的实证分析检验了技术范式及其三个组成因素（技术机会、收益可获得性、技术累积性）对组织战略适应能力与组织绩效关系的调节。

研究结果显示，技术机会对战略适应能力的两个方面，即资源的灵活性和协调的灵活性在对组织绩效的促进作用中均起到了正向调节的作用。这说明，技术机会变化程度越大，组织在资源上的灵活性和协调上的灵活性对组织绩效的促进作用就越大，技术范式在知识来源，新知识对生产效率、产品性能、产出的影响，以及新知识在产品和市场方面的多元化应用等方面的变化程度对战略适应能力与组织绩效间关系的调节作用较为显著。为适应技术应用机会的变化，提高组织绩效，企业组织应当对新技术的知识来源，新技术对生产效率、产品性能的影响，新技术的应用范围等新技术的特点加以密切关注，提高组织在研发、生产、营销等环节上资源的灵活性，重新构造组织在开发、生产、分销、营销中可使用的资源链条，根据组织目标的变化适时调整组织管理体系。

收益可获得性方面，收益可获得性对资源灵活性与组织绩效的关系的调节作用得到了支持，但收益可获得性对协调灵活性与组织绩效的关系的调节作用虽得到支持，但作用较小，也就是说，收益可获得性对战略适应能力与组织绩效的关系的调节作用得到了部分支持。这说明，技术范式在收益可获得性方面变化程度越大，资源灵活性对组织绩效的促进作用越明显；但收益可获得性变化的增长，却不能调节协调灵活性对组织绩效的促进作用。这个结果表明，在中国的制度和市场环境下，一方面，新技术大规模投入生产的速度、程度和制度层面对新技术保护的有效性，以及企业组织在新技术商业化过程中对原料、分销渠道等关键性辅助资产的控制等方面的影响程度越大时，越需要生产、营销、分销、研发等资源的灵活性来抵消收益可获得性变化的影响。但另一方面，组织在协调方面的灵活性，如组织结构、管理体系对组织目标的适应、组织对外部环境信息的收集、新技术大规模投入生产的速度和程度、制度层面对新技术保护的有效性等没有明显关系。

在技术累积性方面，本书的结论表明，技术累积性对资源灵活性与组织绩效的关系的调节作用得到了支持，但对协调灵活性与组织绩效的关系的调节作用得到部分支持，也就是说，技术累积性对战略适应能力与组织绩效的关系的调节作用得到了部分支持。这说明，技术范式在技术累积性方面变化程度越大，资源灵活性对组织绩效的促进作用就越明显；但技术累积性变化的增长，却不能调节协调灵活性对组织绩效的促进作用。这个结果表明，在中国的市场环境下，一方面，行业内或相关行业技术变革速率、现有技术对新技术的有用性、技术复杂性、技术默会性、技术在组织内部的普及性、技术发展的可预测性等方面的影响程度越大时，越需要生产、营销、分销、研发等资源的灵活性来抵消技术累积性变化的影响。但另一方面，组织在协调方面的灵活性，如组织结构、管理体系对组织目标的适应、组织对外部环境信息的收集、对资源在新技术商品化的各个环节中的灵活分配等方面对组织绩效的促进作用，与对行业内或相关行业技术变革速率、现有技术对新技术的有用性、技术复杂性、技术默会性、技术在组织内部的普及性、技术发展的可预测性等没有明显关系。

综合以上研究结论，技术范式对组织战略适应能力与组织绩效关系的调节作用得到部分支持。企业组织应当密切关注行业内或相关行业技术范式的变化，对新技术的知识来源、新技术对生产效率及产品性能的影响、新技术多元化应用的可能性、新技术大规模投产的速度、新技术商业化过程中对关键性辅助资产的控制、对新技术的保护制度，以及技术的累积性、感知性、技术发展趋势的可预测性等技术范式的特点进行检测和评估，并通过提高组织在资源和协调上的灵活性来提高组织的绩效水平。技术范式对组织战略适应能力与组织绩效关系的调节作用的研究结论如表 7-2 所示。

表 7-2　技术范式对组织战略适应能力与组织绩效关系的调节作用

H5	技术机会对战略适应能力与组织绩效的关系的调节作用	正向调节	支持
H5a	技术机会变化对资源灵活性与组织绩效的关系的调节作用	正向调节	支持
H5b	技术机会变化对协调灵活性与组织绩效的关系的调节作用	正向调节	支持
H6	收益可获得性对战略适应能力与组织绩效的关系的调节作用	正向调节	部分支持
H6a	收益可获得性对资源灵活性与组织绩效的关系的调节作用	正向调节	支持
H6b	收益可获得性对协调灵活性与组织绩效的关系的调节作用	正向调节	支持
H7	技术累积性对战略适应能力与组织绩效的关系的调节作用	正向调节	部分支持
H7a	技术累积性对资源灵活性与组织绩效的关系的调节作用	正向调节	支持
H7b	技术累积性对协调灵活性与组织绩效的关系的调节作用	正向调节	部分支持

以上研究结论在一定程度上支持了组织内部管理的有效性与组织对环境变化的适应能力之间的此消彼长的关系（Gibson and Birkinshaw，2004；Lewis，2000；Porter，1996）。Ford（1994）提出了“组织内部张力（internal organizational tension)”的问题，认为组织在内部有效性和对外部环境的适应性之间存在难以调和的矛盾。一些学者们的研究也支持了这种观点，如 Porter（1996）在对组织竞争优势的研究中认为，企业组织必须在低成本（管理的有效性）与差异化（对外部市场的适应性）之间做出明确选择；Klein（1984）、Ghemawat and Costa（1993）等学者也认为，在生产过程中存在着效率与灵活性的本质的矛盾。

（四）组织战略适应能力对组织绩效的作用机制：组织吸收能力的中介作用

本书在文献分析的基础上提出了组织战略适应能力对组织绩效的作用机制的假设，认为组织战略适应能力需要通过组织吸收能力对外部信息进行转化和吸收，才能作用于组织绩效，并通过实证研究检验了组织对外部新知识的吸收在组织战略适应能力和组织绩效间的中介作用，分别将组织对外部知识的获取、消化、转化能力引入组织战略适应能力（包括资源的灵活性、协调的灵活性）与组织绩效的关系，通过回归分析检验组织吸收能力的三个组成因素对战略适应能力与组织绩效关系显著性的影响，从而检验组织吸收能力的中介作用。

在知识获取能力的中介作用方面，统计分析显示，知识获取能力与战略适应能力（包括资源灵活性和协调灵活性）、组织绩效之间均存在较为显著的正相关关系，而且知识获取能力对资源灵活性和组织绩效之间关系的中介作用得到支持。组织与外部信息的不同来源之间的交流，以及组织在这些交流机制上的投资在组织资源灵活性对组织绩效的促进作用方面的中介作用较为显著，随着组织资源灵活性增加，组织知识获取能力的增强能够带来组织绩效的显著提高。但是，知识获取能力对协调灵活性与组织绩效关系的中介作用未得到支持，组织获取外部知识的渠道和投资对组织内部适应能力带来的组织绩效的提高的调节作用不明显，随着组织结构、管理体系对组织目标的适应能力的提高，组织知识获取能力的增强并不能带来组织绩效的显著提高。

在知识消化能力的中介作用方面，统计分析显示，知识消化能力与战略适应能力（包括资源灵活性和协调灵活性）、组织绩效之间均存在较为显著的正相关关系，知识消化能力对资源灵活性和组织绩效之间关系存在部分中介作用。组织的 R&D 投资、关键性辅助资产投资、多元化的知识结构在组织资源灵活性对组织绩效的促进作用方面的中介作用显著，随着组织资源灵活性的增加，组织知识消化能力的增强能够带来组织绩效的显著提高。组织的 R&D 投资、关键性辅助资产投资、多元化的知识结构等明显作用于组织内部适应性带来的组织绩效的提高，随着组织结构、管理体系对组织目标的适应能力的提高，组织知识消化能力的增强也带来了组织绩效的显著提高。

在知识转化能力的中介作用方面，统计分析显示，知识转化能力与战略适应能力（包括资源灵活性和协调灵活性）、组织绩效之间均存在较为显著的正相关关系，而且知识转化能力对资源灵活性和组织绩效之间关系存在部分的中介作用。组织的知识分布、交流机制以及内部结构的灵活性在组织资源灵活性对组织绩效的促进作用方面的中介作用较为显著，随着组织资源灵活性增加，组织知识转化能力的增强能够带来组织绩效的显著提高。此外，知识转化能力对协调灵活性与组织绩效关系的中介作用也得到了支持，组织的知识分布、交流机制以及内部结构的灵活性等明显作用于组织内部适应性带来的组织绩效的提高，随着组织结构、管理体系对组织目标的适应能力的提高，组织知识转化能力的增强带来了组织绩效的显著提高。

综合以上研究成果，组织吸收能力对战略适应能力与组织绩效关系的中介作用基本得到了支持，如表 7-3 所示。组织的吸收能力包括三个基本环节：对外部知识的获取过程；通过组织的 R&D 投资、关键性辅助资产投资、多元化的知识结构构建的知识消化过程；表现为组织知识分布、交流机制以及内部结构的灵活性的知识转化过程。组织吸收能力对组织战略适应能力与组织绩效关系的中介作用主要体现在组织对外部知识的消化能力和转化能力方面，知识获取能力对战略适应能力与组织绩效关系的中介作用没有得到支持。知识获取能力在以上关系中可能发挥了一种更加“间接”的中介作用，即知识获取能力要通过知识的消化、转移才能被组织所利用，使组织适应能力作用于组织绩效的提高。此外，研究发现，组织吸收能力在战略适应能力对组织绩效的影响方面仅仅起到了部分中介作用，尚有其他作用机制的渠道未纳入本书的研究框架中。Zahra and George（2002）、Cohen and Levinthal（1990）提出的“对外部新知识的利用”能力，Wang and Ahmed（2007）提出的“创新能力”等有关组织外部知识的能力可能会在战略适应能力与组织绩效的关系方面起到调节作用。

表 7-3 组织吸收能力的中介作用

H2	战略适应能力与组织吸收能力的关系	正相关	支持
H2a	资源灵活性与吸收能力的关系	正相关	支持
H2a1	资源灵活性与知识获取能力	正相关	支持
H2a2	资源灵活性与知识消化能力	正相关	支持
H2a3	资源灵活性与知识转化能力	正相关	支持
H2b	协调灵活性与吸收能力的关系	正相关	支持
H2b1	协调灵活性与知识获取能力	正相关	支持
H2b2	协调灵活性与知识消化能力	正相关	支持
H2b3	协调灵活性与知识转化能力	正相关	支持
H3	组织吸收能力与组织绩效的关系	正相关	支持
H3a	知识获取能力与组织绩效	正相关	支持
H3b	知识消化能力与组织绩效	正相关	支持
H3c	知识转化能力与组织绩效	正相关	支持
H4	组织吸收能力对战略适应性与组织绩效关系的中介作用	存在	支持
H4a	知识获取能力对战略适应性与组织绩效关系的中介作用	存在	部分支持
H4a1	知识获取能力对资源灵活性与组织绩效关系的中介作用	存在	支持
H4a2	知识获取能力对协调灵活性与组织绩效关系的中介作用	存在	不支持
H4b	知识消化能力对战略适应性与组织绩效关系的中介作用	存在	支持
H4b1	知识消化能力对资源灵活性与组织绩效关系的中介作用	存在	支持
H4b2	知识消化能力对协调灵活性与组织绩效关系的中介作用	存在	支持
H4c	知识转化能力对战略适应性与组织绩效关系的中介作用	存在	支持
H4c1	知识转化能力对资源灵活性与组织绩效关系的中介作用	存在	支持
H4c2	知识转化能力对协调适应性与组织绩效关系的中介作用	存在	支持

二、对本书所提出问题的回答

“在技术变革环境中，企业组织的战略适应能力能否为企业带来竞争优势，提高组织绩效”是本书的出发点，这是一个在管理实践中亟待解决，但理论研究中尚存争议的问题。本书围绕这一基本问题，提出了“组织的战略适应性能否提高组织绩效”、“在技术变化的不同程度和维度下，组织战略适应性与组织绩效的关系是否发生变化”、“组织战略适应性的作用机制”三个问题，并围绕以上三个问题展开了理论分析和实证研究，现将研究结论总结如下：

问题1：组织的战略适应性能否提高组织绩效?

本书在现有文献研究的基础上，主要借助实证研究来验证了“组织的战略适应能力能否提高组织的绩效”这一问题。实证研究的结果表明，在中国的制度和市场环境下，组织的战略适应能力确实能够提高组织绩效。虽然培育组织在战略上的适应能力存在较大的、长期的投资，而且可能会削弱组织结构、管理体系在组织执行能力、目标实现能力和盈利能力等方面的效率和有效性，但从组织长期的成长性、营利性和竞争能力来看，战略适应能力对组织绩效的提升作用是明显的。中国较为特殊的转型经济环境中，行业管制、市场结构、创新保护、创新激励、资源配置等方面的独特性虽然会在一定程度上影响组织战略适应能力的培育方式和实施效果，但是本研究的实证结果表明，中国市场环境下的IT/ICT企业，与IBM这种世界领先的ICT企业一样，在组织战略适应能力能否提升组织绩效的问题上存在共性。

问题2：在技术变革的不同程度和维度下，组织战略适应性与组织绩效的关系是否发生变化?

本书将“技术范式变革”作为刻画组织外部环境动态变化的核心变量，通过实证研究考察了技术范式对组织战略适应能力与组织绩效关系的调节作用。研究结果表明，技术机会的变化程度，即技术范式在知识来源，新知识对生产效率、产品性能、产出的影响，以及新知识在产品和市场方面的多元化应用等方面的变化程度对战略适应能力与组织绩效间关系的调节作用较为显著，技术机会变化程度越大，组织战略适应能力对组织绩效的促进作用就越大；收益可获得性方面，即新技术大规模投入生产的速度和程度、制度层面对新技术保护的有效性，以及企业组织在新技术商业化过程中对原料、分销渠道等关键性辅助资产的控制等因素对资源灵活性与组织绩效的关系的调节作用得到支持，但对协调灵活性与组织绩效的关系的调节作用未得到支持；技术累积性方面，技术累积性对资源灵活性与组织绩效的关系的调节作用得到支持，但对协调灵活性与组织绩效的关系的调节作用未得到支持。以上研究结果证实了“技术变革存在不同的程度和维度，技术范式不同的程度和维度的变化会影响组织战略适应能力对组织绩效的作用”

的假设，同时也表明技术范式的变化对组织战略适应能力的不同方面的作用存在不同。

问题 3：组织战略适应性与组织绩效间的关系是如何发生的？即组织战略适应性的作用机制是怎样的？

本书证实了组织吸收能力，即组织对外部新知识的获取、消化和转移能力在战略适应能力与组织绩效间的中介作用。研究结果显示，吸收能力的不同方面在战略适应能力对组织绩效的作用机制中发挥作用的显著性存在不同，组织吸收能力对组织战略适应能力与组织绩效关系的中介作用主要体现在组织对外部知识的消化能力和转化能力方面，知识获取能力对战略适应性与组织绩效关系的中介作用没有得到支持。此外，研究发现在战略适应能力对组织绩效的作用机制中，组织的吸收能力并不是发挥中介作用的唯一因素，还存在其他因素影响组织战略适应能力与组织绩效的关系。

三、对理论及管理实践的意义

本书针对技术变革环境中企业组织在管理实践中面临的问题和挑战，在前人学者对这个领域研究的基础上，围绕“技术变革环境中组织战略适应能力与组织绩效的关系”这一问题，提出了一系列理论假设，并在中国的市场环境中进行了实证研究，获得了具有一定启发性的研究成果，对丰富这一领域的理论研究成果、拓展该领域现有研究结论的适用性、指导企业组织的管理实践方面均具有一定的启发意义。

（一）理论意义

针对“组织战略适应能力能否提高组织绩效”这一问题在理论界存在的争议，本书在中国环境中选取了 IT/ICT 行业中的部分企业进行了实证研究，研究了在行业管制、市场结构、创新保护、创新激励、资源配置等方面具有明显的独特特征的中国环境下，企业组织的战略适应能力与组织绩效的关系问题，丰富了这一领域的理论研究成果、拓展了该领域现有研究结论的适用性。本书在现有文献分析、综合的基础上，围绕研究的基本问题提出了一个较为完整的理论框架，从战略管理角度，运用组织演化理论，将组织的战略适应能力、组织绩效、行业技术范式、组织吸收能力等组织战略和行为的不同研究视角整合在一起，从“战略适应能力与组织绩效”、“技术范式的调节作用”、“吸收能力的中介作用”三个方面来研究这个问题，丰富了该理论研究的方法。

在对“技术范式变化是否能够调节战略适应性对组织绩效的影响”这一问题的研究中，本书首先初步开发技术范式变革的指标体系，将技术范式的组成因素进行了进一步的细化，形成在企业层面测量技术范式变革的可操作性的量表；其次通过实证研究论证了技术范式在不同层次和程度的变革对战略适应能力与组织绩效二者关系的调节作用，从企业组织层面研究了技术变革这一行业因素对组织战略和行为的调节，丰富了这一领域的研究内容和研究层次。

在“组织战略适应能力对组织绩效的作用机制”问题上，本书提出将“吸收能力”作为中介变量，研究了组织战略适应能力对组织绩效发挥作用的机制，论证了组织如何通过对外部信息的获取、消化和转移，将组织培育的在资源和协调方面的灵活性转化为组织竞争能力和绩效的提升，验证了组织对外部环境的理解如何转化成为组织战略和行为的问题。

（二）对管理实践的意义

在难以预测的动荡环境中如何获取和保持组织竞争优势、提高组织绩效这一问题是企业组织，特别是高新技术企业面临的迫切问题。这一问题涉及企业组织对外部环境的监测和理解、企业组织对外部新知识的管理、组织能力的培养等组织战略层面的问题。本书通过理论研究和实证分析，尝试对这些问题进行了回答，并获得了较有启发意义的研究成果。

本书认为，在动态环境中，组织的战略适应能力对组织绩效有正向提升的作用。战略适应能力的提高，包括组织在资源上的灵活性和协调上的灵活性的提高，能提升组织在竞争力、营利性、成长性以及利益相关者满意度方面的绩效。

因此，本书支持组织的战略适应能力作为组织竞争优势来源和组织绩效提升方式的结论，企业组织应当通过优化组织在研发、生产、营销等环节的资源配置和使用，来提高组织资源的灵活性；通过提高外部市场信息的持续监测、管理信息系统在日常管理中的运用、根据市场和技术环境的变化重新构造组织在开发、生产、分销、营销中可使用的资源链条的能力、内部结构上的灵活性，以及组织管理体系根据组织目标的变化调整的能力，来提高组织在协调上的灵活性。

作为组织外部环境的主要组成因素之一，技术范式及其各组成因素对组织战略适应能力的培育和组织绩效的提高具有重要的实践意义。本书通过实证分析，验证了行业技术范式变化的程度和维度对战略灵活性和组织绩效二者之间关系的调节作用。企业组织应当根据技术范式在不同层次和程度上的变化，来培育组织适度的灵活性。这一点在一定程度上回答了 Winter（2003）提出的管理实践中培育和保持动态适应能力的成本问题，在技术环境动荡程度较低的情况下，为应对技术变化带来的挑战，临时的问题解决机制可能在时间、成本方面具备优势，而如果行业中或者相关行业面临持续的、剧烈的技术变革，将组织的动态适应能力提高到战略层面就成为组织的必然之选。

技术范式变革对组织适应能力和组织绩效的意义也在一定程度上验证了现实的管理环境中“管理的有效性”与“对环境变化的适应能力”之间“相互抵消”的效应，企业组织不应仅仅满足于组织在结构上的适应能力，还应当在组织内部着力构建一种“情景两面性（contextual ambidexirity）”，通过信任的组织文化、有支持力的领导、共同的文化和远景等组织在“软件”方面的建设，培育组织在管理上的“软性”的竞争力。

本书证实了组织吸收能力作为其战略适应能力作用于组织绩效的中介的作用，在一定程度上解决了企业在管理实践中“如何提高组织绩效”的问题，企业组织要培育竞争优势、提高组织绩效，除了要培育组织在资源的适应能力以及在协调上的灵活性之外，还应当提高组织对外部环境新知识的获取、消化和向组织内部的转化。这一点对组织学习和组织知识管理具有重要意义。组织学习不仅是对外部环境信息的监测、获取，如何将外部信息转化为内部知识和组织内部共享的共同信念是组织吸收能力中更为关键的一步，这就对组织内部的学习机制、交流渠道、知识管理提出了挑战。组织必须全面评估外部新知识、新技术的来源，并在组织与各种知识来源之间建设顺畅的沟通渠道，以有效获取外部新知识；通过 R&D 投资、关键性辅助资产投资和多元化的知识结构的构建，来增强组织对外部知识的消化能力；通过组织内部合理的知识分布、顺畅的交流机制以及灵活的内部结构来提高新知识向组织内部的转移。

四、本书的局限性及未来研究方向的展望

本书通过理论分析，提出了一个较为完整的研究框架，通过实证研究，对理论假设和研究框架进行了较为严谨的验证，得出了具有启发性的研究结论，在理论研究和管理实践中都具有一定的启发意义。但由于笔者在知识结构、研究能力、样本获取、数据分析等方面的能力所限，本书不可避免地存在一些局限。

首先，在理论框架的构建方面，本书围绕“战略适应能力与组织绩效的关系”这一中心问题，将技术范式作为调节变量、组织吸收能力作为中介变量，来研究战略适应能力对组织绩效作用的调节因素和作用机制，对技术范式、吸收能力等变量的内涵进行了界定。但是，研究发现，在战略适应能力对组织绩效的作用机制中，组织吸收能力并不是唯一的中介因素，还存在其他的中介变量作用于两者之间。在未来的研究中，应当适度拓展组织吸收能力的内涵边界，或者丰富作为中介因素的变量，从而进一步完善理论框架。

其次，本书力图解决的一个实践问题是“企业组织为应对环境变化，在战略适应能力与应急解决方案中的权衡”，也就是动态环境中战略适应能力相对于应急解决方案的适用性问题，或者也可以理解为组织培育战略适应能力的成本问题。一方面，组织外部环境的变化存在程度和层次上的差别，不同程度和维度上的技术变革需要不同程度的适应能力与之匹配。另一方面，组织的管理实践中存在不同层面的适应能力，例如，从决策的相关性角度看，包括公司层面的适应性、职能层面的适应性，以及单项资源方面的适应性；从业务类型的相关性角度

看，组织的适应能力又可以区分为范围柔性和反应柔性，其中，范围柔性指的是生产设备和流程生产一系列多样化的产品的便利性程度，而反应柔性指的是某一个较小的范围内，产品多样化、数量柔性间转化的便利性程度。因此，企业组织要有效地应对行业技术变革的同时，降低应对成本，提高资源使用效率，就必须要培育组织在不同层次上的适应能力。但研究对“战略适应能力”与“应急解决方案”没有做出明确的界定和比较，从而没有在管理实践上为企业组织提供可操作性的选择机制。

最后，本书的一个重要内容是技术范式变革对组织战略适应性和组织绩效的调节作用。一般来说，对技术范式研究的时间跨度有很高的要求。对 IT/ICT 行业来说，较为理想的时间跨度的选择应该在 30~50 年，根据技术变革的不同阶段，对各阶段技术变革的特征、组织的适应能力和组织绩效进行研究。由于笔者的研究能力以及中国 IT/ICT 行业发展历史所限，本书在实证研究中仅仅选择了 15 年的研究跨度，这对研究结论的科学性和准确性都会产生一定的影响。

附录：调查问卷

尊敬的各位经理：

您好！这是一份学术问卷，目的在于收集信息，用于“技术范式变革对组织战略适应性的影响”的研究。问卷共分为五个部分，大约占用您 15 分钟时间。

我郑重承诺本问卷只用于学术研究，且采用匿名形式，不会对您和您的公司造成任何不利影响。

一、吸收能力量表

请您根据贵公司的实际情况进行评估，并在最符合的选项上标出“√”。

	很不同意	不同意	不确定	同意	很同意
获取					
1. 公司与外部高校、科研机构保持密切的技术信息的交流	1	2	3	4	5
2. 公司密切关注供应商在技术、市场方面的变化	1	2	3	4	5
3. 公司密切关注零售商在技术、市场方面的变化	1	2	3	4	5
4. 公司密切关注最终消费者在需求方面的变化	1	2	3	4	5
5. 公司密切关注行业内竞争者在技术、需求方面的变化	1	2	3	4	5
6. 公司存在与外部进行技术信息交流的常规机制	1	2	3	4	5
7. 公司在与外部信息、知识交流方面进行了大量的投资	1	2	3	4	5
消化					
1. 公司的 R&D 投入在整个销售收入中所占比重大	1	2	3	4	5
2. 公司拥有知识多元化的员工结构	1	2	3	4	5
3. 公司拥有新技术商业化的某种（或几种）关键性辅助资产（如营销渠道、生产工艺、售后服务）	1	2	3	4	5
4. 公司能够根据其现有的知识对所获取的知识进行评估	1	2	3	4	5
5. 公司能够根据其拥有的关键性辅助资产对所获取的外部知识进行评估	1	2	3	4	5
6. 新技术的价值能够迅速得到评估	1	2	3	4	5

续表

	很不同意	不同意	不确定	同意	很同意
转化					
1. 公司员工个人掌握多元化的知识基础	1	2	3	4	5
2. 公司内部各部门之间在工作中使用同样的语言及符号	1	2	3	4	5
3. 跨部门协作是公司内部常见的工作方式	1	2	3	4	5
4. 公司内部存在完善的员工工作轮换机制	1	2	3	4	5
5. 员工清晰地了解公司内部知识的分布情况	1	2	3	4	5
6. 公司内部各部门之间存在畅通的交流机制	1	2	3	4	5

二、战略适应性量表

请您根据贵公司的实际情况进行评估，并在最符合的选项上标出"√"。

	很不同意	不同意	不确定	同意	很同意
资源灵活性					
1. 生产设备不需要大的改动即可生产一系列多样化的产品线	1	2	3	4	5
2. 生产流程不需要大的改动即可生产一系列多样化的产品线	1	2	3	4	5
3. 生产设备容许产品设计中的细微改动	1	2	3	4	5
4. 生产流程容许产品设计中的细微改动	1	2	3	4	5
5. 模块化的产品设计使产品部件具备多种潜在的产品形式和用途	1	2	3	4	5
6. 公司能够及时发现细分市场	1	2	3	4	5
7. 公司能够及时将产品线重新定位	1	2	3	4	5
8. 营销资源可以对不同产品线展开广告、促销、分销业务	1	2	3	4	5
协调灵活性					
1. 公司对外部市场环境进行持续监测	1	2	3	4	5
2. 公司能够根据变化的产品—市场范围重新构造组织在开发、生产、分销、营销中可使用的资源链条	1	2	3	4	5
3. 公司采用灵活的组织结构，跨部门工作团队是常见的工作方式	1	2	3	4	5
4. 信息资源管理系统，如 CADD、CIM 等，在公司日常管理中得以广泛应用	1	2	3	4	5
5. 公司管理体系能够根据公司目标的变化实时进行调整	1	2	3	4	5
6. 公司管理体系鼓励员工对既有的流程和做法提出挑战	1	2	3	4	5

三、技术范式量表

请您根据贵公司的实际情况进行评估，并在最符合的选项上标出“√”。

	很不同意	不同意	不确定	同意	很同意
技术机会					
1. 行业内或相关行业基础科学的发展为公司的技术创新提供了丰富的知识	1	2	3	4	5
2. 竞争者、供应商、销售商、顾客等利益相关者为公司的技术创新提供了丰富的知识	1	2	3	4	5
3. 公司所采用的技术是通过与大学或研究结构的技术协议/合同，进行有目的的研发获得的	1	2	3	4	5
4. 公司所采用的技术提高了生产过程的效率，从而提高了公司利润	1	2	3	4	5
5. 公司所采用的技术提高了产品的性能表现，从而提高了公司利润	1	2	3	4	5
6. 公司所采用的技术提高了技术的产出，从而提高了公司的利润	1	2	3	4	5
7. 公司所采用的技术具有在不同的产品和市场上进行多样化应用的潜力	1	2	3	4	5
技术受益可获得性					
1. 公司所采用的技术具有强大的“先行者优势”，率先采用该技术可以形成强大的进人壁垒	1	2	3	4	5
2. 专利保护可以避免公司技术遭到复制	1	2	3	4	5
3. 专利保护可以保证公司对该技术的所有权收入	1	2	3	4	5
4. 公司可以通过其他保密措施避免技术遭到复制	1	2	3	4	5
5. 公司可以（通过迅速大规模生产等方式）快速降低生产成本，形成价格优势	1	2	3	4	5
6. 公司控制了营销、分销或售后服务等关键性辅助资产	1	2	3	4	5
技术累积性					
1. 行业内或相关行业技术变化速度快	1	2	3	4	5
2. 公司所积累的技术知识和能力在新技术面前变得过时	1	2	3	4	5
3. 公司所采用的技术路线融合了多个行业、多种学科的技术和知识	1	2	3	4	5
4. 公司所采用的技术不仅来源于 R&D 部门，而是生产、营销、售后等多个部门知识的整合	1	2	3	4	5
5. 公司所采用的技术不仅来源于组织内部，大学及科研机构、供应商、零售商、顾客等也是公司技术知识的来源	1	2	3	4	5
6. 预测未来一段时间行业内技术发展的趋势很困难	1	2	3	4	5
7. 公司所采用的技术路线默会程度高，难以进行编码和书面展示	1	2	3	4	5

四、组织绩效量表

请您根据贵公司与行业内其他企业相比较的情况，在最符合的选项上标出“√”。

1. 公司的竞争力	1.很弱	2.较弱	3.一般	4.较强	5.很强
2. 公司完成既定目标的能力	1.很弱	2.较弱	3.一般	4.较强	5.很强
3. 公司中有离职意愿的人	1. 很多	2.较多	3.一般	4.较少	5.很少
4. 公司的产品或服务范围	1.缩小	2.没有变化	3.稍微扩大	4.扩大较多	5.扩大很多
5. 公司的财务收入	1.亏损	2.盈亏持平	3.稍微盈利	4.比较盈利	5.非常盈利
6. 公司的利润足以支持公司创新需求	1.很不同意	2.不同意	3.不确定	4.同意	6.很同意
7. 公司未来的业务量	1.减少	2.没有变化	3.稍微增长	4.增长较多	5.增长很多
8. 公司利益相关者对公司绩效	1.很不满意	2.不满意	3.一般	4.较满意	5.很满意

五、基本情况

请在符合您公司实际情况的选项上标出“√”。

1. 贵公司属于：

①国有企业　②集体企业　③民营企业

④合资企业　⑤外商独资企业　⑥其他：______（请注明）

2. 贵公司的规模：

①30 人以下　②30~100 人　③100~500 人

④500~1000 人　⑤1000 人以上

3. 贵公司成立于：

①5 年内　②5 年前　③5~10 年内

④10~15 年内　⑤15 年以上

4. 您的职位属于：

①中层管理者　②高层管理者　③其他：_____（请注明）

5. 贵公司所在省市为：_____

6. 贵公司名称为：(可选填) ____________________

感谢您的支持与配合！如果您对调查的数据感兴趣，请留下您的联系方式：

电话：

E-mail：

我们将把研究的结果反馈给您，如果您对该问卷有疑问，欢迎随时与我们联系。

参考文献

[1] A.K.Klevorick, R.C.Levin, R.R.Nelson and S.G.Winter. On the sources and significance of industry differences in technological opportunities [J]. Research Policy, 1995, 24: 185–205.

[2] Aaker D. A., Mascarenhas B. The need for strategic flexibility[J]. Journal of Business Strategy, 1984, 5 (2): 74–82.

[3] Adler P.Goldoftas, B. Levine D. Flexibility versus efficiency? A case study of model changeovers in the Toyota production system [J]. Organization Science, 1999, 10: 43–68.

[4] Alfred Chandle. Organizational capability and economic history of the industrial enterprise[J]. Journal of Economic Perspectives, 1992 (6): 79–100.

[5] Alfred Chandle. Scale and scope: the dynamic of industrial capaitalism, the enduring logic of industrial success [J]. Harvard Business Review, 1990 (3–4): 132–140.

[6] Adner, Ron. When are technologies disruptive: a demand–based view of the emergence of competition [J]. Strategic Management Journal, 2002, 23: 667–688.

[7] Ander R. and Zemsky P. Disruptive technology and emergence of competition [J]. Rand Journal of Economics, 2005, 36 (2): 173–182.

[8] Arthurs, Bnsenitz. Dynamic capabilities and venture performance: the effect of venture capabilities[J]. Journal of Business Venturing, 2006, 21: 195–215.

[9] Amit, Schoemaker. Strategic assets and organizational rents [J]. Strategic

Management Journal, 1993, 14: 33-46.

[10] Alvarez, Merino. The history of organizational renewal: evolutionary model of Spanish saving loans institutions [J]. Organizational Studies, 2003, 24: 1437-1461.

[11] Bower J.L. and Christensen, C.M. Customer power, strategic investment, and the failure of leading firms [J]. Strategic Management Journal, 1996, 17(3): 197-218.

[12] Boyd B.K., Fulk, J . Executive scanning and perceived uncertainty: a multidimensional model [J]. Journal of Management, 1996, 22 (1): 1-21.

[13] Barney J. B. Firm resource and sustained competitive advantage [J]. Journal of Management, 1991, 17: 99-120.

[14] Bahman, P.E. Perceived strategic uncertainty and environmental scanning behavior of Hong Kong chinese executives [J]. Journal of Business Research, 2000, 49: 67-77.

[15] Browne J., Dubois D., Rathmill K. Classification of flexible manufacturing systems[J]. The FMS Magazine, 1984, 2 (2): 114-117.

[16] Browne S.L. Eisenhrdt K. The art of continuous change: link complexity theory and timepaced evolution in relentlessly shifting organization [J]. Administive Science Quarterly, 1997, 42: 1-34.

[17] Bergn, D.D. Product-market uncertainty, portfolio restructuring, and performance: an information-processing and resource-based view [J]. Journal of Management, 1998, 24 (2): 135-155.

[18] Barney, J.B. Is the resource-based "view" a useful perspective for strategic management research? Yes [J]. Academy of Management Review, 2001, 26 (1), 41-56.

[19] Barney, J.B. Resource-based theories of competitive advantage: a ten-year retrospective on the resource-based view[J]. Journal of Management, 2001, 27, 643-650.

[20] Brady, T. and Davies, A. Building project capabilities: from exploratory to exploitative learning[J]. Organization Studies, 2004, 25, 1601-1621.

[21] C.M.Christensen and Richard S. Rosenbloom. Explain the attacker's advantage: technological paradigms, organizational dynamics, and the value network [J]. Research Policy, 1995, 24: 233-257.

[22] C. M.Christensen. Exploring the limits of the technology S-curve[J]. Product and Operations Management, 1992, fall: 334-366

[23] C. M.Christensen. Skate to where the money will be [J]. Harvard Business Review, 2001 (11).

[24] Cohen W.M., Levinthal D.A.Innovation and learning: the two face of R&D [J]. The Economic Journal, 1989 (9): 569-596.

[25] Cohen W.M., Levinthal D.A. Absorpative capabilities: a new perceptive on learning and innovation[J]. Administive Science Quarterly, 1990, 35: 128-152.

[26] Chen. The effect of knowlwege attributes, alliance characteristics, and absorptive capability on knowledge transfer performance [J]. R&D Management, 2004, 34, 311-321.

[27] Camuffo, Volpato. Dynamic capabilities and manufacturing automation: organizational learning in Italian automobile industry [J]. Industrial and Corporate Change, 1996, 5: 813-838.

[28] C.L.Wang and P.K.Ahmed. Dynamic capabilities: a review and research agenda[J]. International Journal of Management Review, 2007, 9 (1): 31-51.

[29] Cockburn, I., Henderson, R. and Stern, S. Untangling the origins of competitive advantage[J]. Strategic Management Journal, 2000, 21: 1123-1145.

[30] Collis, D.J. Research note: how valuable are organizational capabilities? [J]. Strategic Management Journal, 1994, 15 (Winter Special Issue): 143-152.

[31] David J.Teece. Profiting from technological innovation: implication for integration, collaboration, licensing, and public policy [J]. Research Policy, 1986, 15: 285-305.

[32] D. J. Teece. Capturing value from know ledge assets: The new economy, markets for know - how, and intangible assts [J]. California Management Review, 1998, 40 (3): 55–79.

[33] David. J.Teece. Competition, copperation, and innovation: organization arrangement for regimes of rapid technological progress [J]. Journal of Economic Behavior and Organization, 1992, 18 (1): 1–25.

[34] D.J.Teece, Pisano G.P. The dynamic capabilities of firms: an introduction [J]. Industrial and Corporate Change, 1994, 18 (3): 509–533.

[35] D.J.Teece, Pisano G., and Shuen A. Dynamic stabilities and strategic management[J]. Strategic Management Journal, 1997, 18 (3): 509–533.

[36] David. J.Teece. Explaining dynamic capabilities: the nature and micro-foundations of sustainable enterprise performance [J]. Strategic Management Journal, 2007, 28 (3): 1319–1350.

[37] Daft R.L. and K. E.Weick. Towards a model of organizations as interpretation systems[J]. Academy of Management Review, 1984 (9), 284–295.

[38] Daft, R.L., Sormunen, J., Parks, D. Chief executive scanning, environmental characteristics, and company performance: An empirical study[J]. Strategic Management Journal, 1988, 9: 123–139.

[39] Dierickx I. and K.Cool. Asset stock accumulation and sustainability of competitive advantage[J]. Management Science, 1989, 35: 1504–1511.

[40] Daniels R. L., M. azzo la J. B., Sh iD. Flow shop scheduling with partial resource flexibility [J]. Management Science, 2004, 50 (5): 658–669.

[41] Daniel, Wilson. The role of dynamic capabilities in e–business transformation [J]. European Journal of Information System, 2003, 12 (4): 282–296.

[42] Das S. K. The measurement of flexibility in manuafacturing systems[J]. International Journal of Flexible Manufacturing Systems, 1996, 8 (1): 67–93.

[43] Das T. K. Managing strategic flexibility: Key to effective performance[J]. Journal of General Management, 1995, 20 (3): 60–75.

[44] Derriek E., D.Souza, Fredrik, P.W. Towards a taxonomy of manufacturing flexibility dimensions[J]. Journal of Operations Management, 2000, 18 (5): 577-593.

[45] Delaney, Huselid. The impact of human resource management practice on perceptions of organizational performance [J]. Academy of Management Journal, 1996, 39 (4): 949-969.

[46] Dill, W. Environment as an influence on managerial autonomy [J]. Administration Science Quarterly, 1958, 2: 409-443.

[47] D'Este, P. The distinctive patterns of capabilities accumulation and inter-firm heterogeneity: the case of the Spanish pharmaceutical industry [J]. Industrial and Corporate Change, 2002, 11: 847-874.

[48] Daneels, E. The dynamics of product innovation and firm competences [J]. Strategic Management Journal, 2002, 23: 1095-1121.

[49] Delmas, M.A. Exposing strategic assets to create new competencies: the case of technological acquisition in the waste management industry in Europe and North America[J]. Industrial and Corporate Change, 1999, 8: 635-650.

[50] Dosi, G. Sources, procedures, and microeconomic effects of innovation [J]. Journal of Economic Literature, 1988, 26: 1120-1171.

[51] Duncan, R.B. Characteristics of organizational environments and perceived environmental uncertainty [J]. Administrative Science Quarterly, 1972, 17: 313-327.

[52] Downey, H.K., Hellriegel, D., Slocum, J.W. Environmental uncertainty: The construct and its applications [J]. Administrative Science Quarterly, 1975, 20: 613-629.

[53] Eisenhardt K.M. and Martin J.A. Dynamic capabilities: what are they? [J]. Strategic Management Journal, 2000, 21: 1105-1121.

[54] Evans, J. S. Strategic flexibility for high technology maneuvers: a conceptual framework[J]. Journal of Management Studies, 1991, 28 (1): 69-89.

[55] F.F.Suarez and James Utterback. Innovation, competition and industry structure[J]. Research Policy, 1993, 22: 1-21.

[56] F.F.Suarez and James Utterback. Dominant designs and the survival of firms[J]. Strategic Management Journal, 1995, 16: 415-430.

[57] Ferguson C.H. and C.R.Morris. Computer wars: how the west can win in a post IBM world [M]. New York: Times Books, 1998.

[58] F.Malerba, and L. Orsenigo. Schumpeterian patterns of innovation are technology-specific[J]. Research Policy, 1996, 25: 451-478.

[59] F.Malerba, and L. Orsenigo. Technological regimes and firm behavior[J]. Industrial and Corporate Change, 1993, 2 (1): 45-71.

[60] F.Malerba, and L. Orsenigo. Technological entry exist, and survival: an empirical analysis of patent data[J]. Research Policy, 1999, 28: 643-660.

[61] F.Malerba, L. Orsenigo, R. Nelson and S. Winter. Public policies and changing boundaries of firms in a "history-friendly" model of the co-evolution of the computer and semiconductor industry [J]. Journal of Economic Behavior and Organization, 2008, 67: 355-380.

[62] F.Malerba, L. Orsenigo, R. Nelson and S. Winter. Vertical integration and disintegration of computer firms: a "history-friendly" model of the co-evolution of the computer and semiconductor industry [J]. Industrial and Corporate Change, 2008, 17 (2): 197-231.

[63] Ferd PhilliPs, Suagnha D.T. Measure in organizational flexibility: an exploration and general mode [J]. Technological Forecasting and Social Change, 2000, 64 (1): 23-38.

[64] Fowler S. W., King A. W. et al . Beyond products: New strategic imperatives for developing competencies in dynamic environments [J]. Journal of Engineering and Technology Management, 2000, 17 (324): 357-377.

[65] Ford J.D., Ford L.W. Logics of identity, contradiction, and attraction in change[J]. Academy of Management Review, 1994, 19: 756-795.

[66] Figueiredo, P.N. Learning, capability accumulation and firms differences: evidence from latecomer steel[J]. Industrial and Corporate Change, 2003, 12: 607-643.

[67] Forrant, R. and Flynn, E. Skills, shop-floor participation and the transformation of Brimfield Precision: lessons from the revitalization of the metal-working sector[J]. Industrial and Corporate Change, 1999, 8: 167-188.

[68] Gilbert G. Clark. The disruption opportunity [J]. Sloan Management Review, 2003, 44 (4): 27-32.

[69] Gibson C.B., Brikinshow J. The antecedences, consequences, and mediating role of organizational ambidexterity [J]. Academy of Management Journal, 2004, 47 (2): 209-226.

[70] Gilbert G. Clark and Bower, Joseph L. Disruptive change: when trying harder is part of the problem[J]. Harvard Business Review, 2002 (5): 94-101.

[71] Givanni Dosi. Technological paradigms and technological trajectories: a suggested interpretion of the determinants and directions of technical change [J]. Research Policy, 1982 (11): 147-162.

[72] Grewal R., Tansuhaj P. Building organizational capabilities for managing economic crisis: the role of market orientation and strategic flexibility [J]. Journal of Marketing, 2001, 65: 67-80.

[73] Ghemawat P., Costa J. The organizational tension between static and dynamic efficiency[J]. Strategic Management Journal, 1993, 14: 59-73.

[74] Greenwood R., H. inings C. R. Understanding radical organizational change: bringing together the old and the new institutionalism [J]. Academy of Management Review, 1996, 21 (4): 1022- 1054.

[75] George, G. Learning to be capable: patenting and licensing at the Wisconsin Alumni Research Foundation 1925~2002 [J]. Industrial and Corporate Change, 2005, 14: 119-151.

[76] Griffith, D.A. and Harvey, M.G. A resource perspective of global dynamic

capabilities[J]. Journal of International Business Studies, 2001, 32: 597-606.

[77] Henderson, Rebecca M., and Kim B. Clark. Architectural innovation: The reconfiguration of existing product technologies and the failure of established firms [J]. Administrative Science Quarterly, 1990, 35: 9-30.

[78] Henderson R. Underinvestment and incompetence as response to radical innovation: evidence from the photolithographic alignment equipment industry [J]. RAND Journal of Economics, 1993, 24: 248-270

[79] Helfet C.E. and Peteraf M.A. The dynamic resource-based view: capability recycle[J]. Strategic Management Journal, 2003, 24: 997-1010.

[80] Hu L. and Bentler P.M. Fit indices in covariance strucyure modeling: sensitivity to under-parameterized model misspecification [J]. Psychological Methods, 1998, 3: 424-453.

[81] Hrebiniak L.G. and W. F. Joyce. Organizational adaptation, strategic choice and environmental determinism [J]. Administrative Science Quarterly, 1985, 30: 336-349.

[82] Hambrick, D.C. Environmental scanning and organizational strategy[J]. Strategic Management Journal, 1982, 3: 159-174.

[83] J.Shamsie, C. Phelps, and J. Kuperman. Better late than never: a study of late entrants in household electrical equipment [J]. Stratigic Management Journal, 2003 (25): 69-84.

[84] John M. Rudd, Gordon E.Greenley, Amanda T., Beaston L.Strategic planning and performance: extending the debate [J]. Journal of Business Research, 2008, 61 (2): 99-108.

[85] Kim B. Clark. The interaction of design hierarchies and market concepts in technological evolution[J]. Research Policy, 1985, 14: 235-251.

[86] K.Pavitt and S.Wald. The conditions for success in technological innovation. OECD, 1971.

[87] K.Pavitt. Sectoral patterns of technical change: towards a taxonomy and

theory[J]. Research Policy, 1984, 13, 343–373.

[88] K.Z.Zhou and F.Wu. Technological capability, strategic flexibility and product innovation[J]. Strategic Management Journal, 2010, 31: 547–556.

[89] Katsuhiko S., HittM A. Strategic flexibility: organizational preparedness to reverse ineffective strategic decisions [J]. Academy of Management Executive, 2004, 18: 44–59.

[90] Kraatz M. S., Zajac E. J. How organizational resources affect strategic change and performance in turbulent environments: theory and evidence [J]. Organization Science, 2001, 12: 632–657.

[91] Kamel Aissa Fantazy, Vinod Kumar, Uma Kumar, Anem. Empirical study of the relationships among strategy, flexibility, and performance in the supply chain context [J]. Supply Chain Management: An International Journal, 2009, 3 (14): 177–188.

[92] Keil, T.. Building external corporate venturing capability [J]. Journal of Managemen Studies, 2004, 41: 799–825.

[93] Kogut, B. and Zander, U. Knowledge of the firm, combinative capabilities, and the replication of technology [J]. Organization Science, 1992, 3: 383–397.

[94] Lehrer, M. The organizational choice between evolutionary and revolutionary capability regimes: theory and evidence from European air transport [J]. Industrial and Corporate Change, 2000, 9: 489–520.

[95] Leonard–Barton, D.. Core capabilities and core rigidities: a paradox in managing new product development [J]. Strategic Management Journal, 1992, 13 (Summer Special Issue): 111–125.

[96] Lavie D. Capability reconfiguration: an analysis on incumbents responses to technological change[J]. Academy of Management Review, 2006, 31: 153–174.

[97] Lee H., Choi B. Knowledge management enablers, processes and organizational performance[J]. Journal of Management Information System, 2003, 20 (1): 179–228.

[98] Lewin A. Y., Volberda H. W. Prolegomena on co evolution: a framework for research on strategy and New organizational forms [J]. Organization Science, 1999, 10 (5): 519-534.

[99] Lewin M.W. Exploring paradox: toward a more comprehensive guide [J]. Academy of Management Review, 2000, 25: 760-777.

[100] Li Y., Deng S. L. A methodology for competitive advantage analysis and strategy formulation [J]. European Journal of Operational Research, 1999, 118: 259-270.

[101] Li H., Gima A. K. Product innovation strategy and the performance of new technology ventures in China [J]. Academy of Management Journal, 2001, 44: 1123-1134.

[102] Mayer A. D., Brook G., Goes J. B. Environmental jolts and industry revolutions: organizational responses to discontinuous change [J]. Strategic Management Journal, 1990, 11: 93- 110.

[103] M. Thum. Network externality, technological progress and the competition of market contracts [J].

[104] M.Schiling. Technological lock out: an integrative model of the economic and strategic factors driving technological success and failure [J]. Academy of Management Review, 1998 (23): 267-284.

[105] M.Katz, C.Shapiro. Technology adoption in the presence of network externality [J]. Journal of Political Economy, 1986 (94): 822-841.

[106] Marsh H.W., Hocever D. Confirmatory factor analysis of multitrait multimethod matrics[J]. Journal of Educational Measurement, 1983, 20: 231-248.

[107] Marc Logman. Contextual intelligence and flexibility: understanding today's marketing environment [J]. Marketing Intelligence & Planning, 2008, 5 (26): 508- 520.

[108] Milliken F. J. Three Types of Perceived Uncertainty about Environment: State, Effect, and Response Uncertainty [J]. Academy of Management Review,

1987, 12 (1): 133–143.

[109] Miller D., Shamsie, J . Strategic response to three kinds of uncertainty: product line simplicity at the hollywood film studios [J]. Journal of Management, 1999, 25 (1): 97–116.

[110] Manolis, C., Nygaard, A Stillerud B. Uncertainty and vertical control: an international investigation[J]. International Business Review, 1997, 6 (5): 501–518.

[111] Mengue, Baker. Re–examing Field Sales Unit Performance Insights from the Resource–based View and Dynamic Capabilities Perspective[J]. European Journal of Marketing, 2005, 39 (7/8): 885–909.

[112] Mintzberg H., Waters J. A. Of strategies, deliberate and emergent[J]. Strategic Management Journal, 1985 (6): 257–272.

[113] Michael A. H., Barbara W. K., Samuel M.D. Navigating in the new competitive landscape: Building strategic flexibility and competiive advantage in the 21st century[J]. Academy of Management Executive, 1998, 12 (4): 22–42.

[114] Makadok, R. Toward a synthesis of the resource–based and dynamic–capability views of rent creation[J]. Strategic Management Journal, 2001, 22: 387–401.

[115] Meyer, K.E. and Lieb–Doczy, E. Postacquisition restructuring as evolutionary process [J]. Journal of Management Studies, 2003, 40: 459–492.

[116] N.Rosenberg and D.Mowery. The influence of market demand upon innovation: a critical review of some recent empirical studies [J]. Research Policy, 1978 (8).

[117] Nelson Richard R. Production sets, technological knowledge and R&D: fragile and overworked constructs for analysis of productivity growth? [J]. American Economic Review, 1980, 70 (2): 62–67.

[118] Nelson Richard R. Why do firms differ, and how does it matter? [J]. Strategic Management Journal, 1991, 12, special issue: 61–74.

[119] Nelson Richard R. The coevolution of technologies and institutions, in England, Evolutionary concepts in contemporary economics [M]. Ann Arbor: University of Michigan Press, 1994: 139-156.

[120] Nelson Richard R. (1994b). The role of firm difference in an evolutionary theory of technical advance [J]. Science and Pubilc Policy, 1991, 18 (6).

[121] Nelson Richard R. and Winter, Sidney G. Towards an evolutionary theories of economic capabilities [J]. American Economic Review, 1973, 63 (2): 440-449.

[122] Nelson Richard A. and Sidney G.Winter. In search of useful theory of innovation[J]. Research Policy, 1977 (6): 36-76.

[123] Oktemgil, Gordon. Consequences of high and low adaptive capability in UK companies[J]. European Journal of Marketing, 1997, 31 (7): 445-466.

[124] Oktemgil, M. and Gordon, G. Consequences of high and low adaptive capability in UK companies [J]. European Journal of Marketing, 1997, 31 (7): 445-466.

[125] Philip G. and Gregory R.H. Measurement model quality, sample size, and solution propriety in confirmatory factor models [J]. Multivariate Behavioral Research, 2006, 41 (1): 65-68.

[126] Priem, R.L., Love, L.G. Shaffer, M.A. Executives'Perceptions of Uncertainty Sources: a numerical taxonomy and underlying dimensions[J]. Journal of Management, 2002, 28 (6): 725-746.

[127] Priem, R.L. and Butler, J.E. Is the resourcebased "view" a useful perspective for strategic management research?[J]. Academy of Management Review, 2001, 26 (1): 22-40.

[128] Priem, R.L. and Butler, J.E. Tautology in the resource-based view and the implications of externally determined resource value: further comments [J]. Academy of Management Review, 2001, 26 (1): 57-66.

[129] Pauwels, P. and Matthyssens, P. Strategic flexibility in export expansion:

Growing through withdrawal [J]. International Marketing Review, 2004, 21 (4/5), 496–510.

[130] Porter M.E. What is trategy? [J]. Harvard Business Review, 1996, 74 (6): 61–81.

[131] Prahalad C.K., Hamel G. The core competencies of the corporationa [J]. Harvard Business Review, 1990, 68 (3): 79–90.

[132] Richard S. Rosenbloom and C.M. Christensen. Technological discontinuity, organizational capability and strategic commitment [J]. Industrial and Coporate Change, 1994 (12): 214–232.

[133] Rindova, Kotha. Continuous morphing: competing through dynamic capabilities, form, and function [J]. Academy of Management Journal, 2001, 44: 1263–1280.

[134] Rosanna G., Roger C. A critical look at technological innovation typology and innovativeness terminology: a literature review [J]. Journal of Product Innovation Management, 2002, 19: 110–132.

[135] Rosomary T., Skordoulis. Strategic flexibility and change: an aid to strategic thinking or another managerial abstraction [J]. Start Change, 2004, 13 (5): 253–258.

[136] Rotharrmel T.T. Incumbents advantage through exploiting complementary assets via interfirm cooperation [J]. Strategic Management Journal, 2001 (22): 687–699.

[137] Sidney G.Winter. Schumpeterian competition in alternative technological regimes [J]. Journal of Economic Behavior and Organization, 1984 (5): 287–320.

[138] Sidney G.Winter. Understanding dynamic capabilities [J]. Strategic Management Journal, 2003 (24): 991–995.

[139] Sidney G.Winter. The satisfying principle in capacity learning [J]. Strategic Management Journal, 2000 (21): 981–996.

[140] Smith K.G., Collins C.J., and Clark K.D. Existing knowledge,

knowledge creation capability, and the rate of new product introduction in high-technology firms[J]. Academy of management Journal, 2005, 48 (2): 346-357.

[141] Schrieshiem C.A. and Hinkin T.R. Influence tactics used by subordinators: a theoretical and empirical analysis and refinement of the kipnis, Schmidt, and Wilkinson subscales[J]. Journal of Applied Psychology, 1990, 75: 246-257.

[142] Sanchez R. Creating modular platforms for strategic flexibility [J]. Design Management Review, 2004, 15 (1): 58- 67.

[143] Sanchez R. Preparing for an Uncertain Future: managing organizations for strategic flexibility [J]. International Studies of Management & Organization, 1997, 27 (2): 71- 94.

[144] Sanchez R. Strategic flexibility in product competition [J]. Strategic Management Journal, 1995 (16): 135- 160.

[145] Steven C., Wheel Wright. Manuafacturing strategy: defining the missing link[J]. Srtategic Management Journal, 1984 (1): 77 -91.

[146] Steers. Problems in the measurement of organizational effectiveness[J]. Administrative Science Quarterly, 1975, 20 (4): 546-558.

[147] Spanos, Lioukas. An examination into the casual logic of rent generation: contrasting Porters competitive strategy framework and the resource-based perspective [J]. Strategic Management Journal, 2001, 22: 907-934.

[148] Shimizu, K., and Hitt, M. A. Strategic flexibility: organizationa preparedness to reverse ineffective strategic decisions [J]. Academy of Management Executive, 2004, 18 (4): 44- 58.

[149] Starkey, K., and Madan, P. Bridging the relevance gap: Aligning stakeholders in the future of management research[J]. British Journal of Management, 2001, 12 (Special Issue): 3 - 26.

[150] Staber, U. and Sydow, J. Organizational adaptive capacity: a structuration perspective[J]. Journal of Management Inquiry, 2002, 11, 408-424.

[151] Spanos, Y.E. and Lioukas, S. An examination into the causal logic of

rent generation: contrasting Porter's competitive strategy framework and the resource-based perspective[J]. Strategic Management Journal, 2001, 22: 907-934.

[152] Teng, B.S. and Cummings, J.L. Trade-offs in managing resources and capabilities[J]. Academy of Management Executive, 1999, 16 (2): 81-91.

[153] Thomas, H. and Pollock, T. From I-O Economics' S-C-P paradigm through strategic groups to competence-based competition: reflections on the puzzle of competitive strategy[J]. British Journal of Management, 2002, 10: 127-140.

[154] Tripsas, M. Surviving radical technological change through dynamic capabilities: evidence from the typesetter industry [J]. Industrial and Corporate Change, 1997, 6: 341-377.

[155] Tsai, W. Knowledge transfer in intraorganizational networks: effects of network position and absorptive capacity on business unit innovation and performance [J]. Academy of Management Journal, 2001, 44: 996-1004.

[156] Verona, G. and Ravasi, D. Unbundling dynamic capabilities: an exploratory study of continuous product innovation [J]. Industrial and Corporate Change, 2003, 12: 577-606.

[157] Tushman, Michael L., and Philip Anderson. Technological discontinuities and dominant design: a cyclical model of technological change [J]. Administrative Science Quarterly, 1990, 35: 604-644.

[158] Tushman, Michael L., and Richard R. Nelson. Introduction: Technology, organizations and innovation[J]. Administrative Science Quarterly, 1990, 35: 1-8.

[159] Tushman M. L., ORe illy C. A. The ambidextrous organization: managing evolutionary and revolutionary change [J]. California Management Review, 1996, 38 (4), 8-30.

[160] Tsai. Knowledge transfer in intraorganizational networks [J]. Academy of Management Journal, 2001, 44: 996-1004.

[161] Tan J., Tan D. Environment- strategy coevolution and Co- alignment: A staged model of chinese SOEs under transition [J]. Strategic Management Journal,

2005, 26: 141–157.

[162] Upton D.M. The management of manufacturing flexibility [J]. California Management Review, 1994, 36 (2): 72–89.

[163] Wang Z.M. and T.Satow. Leadership styles and organizational effectiveness in Chinese–Japanese joint ventures [J]. Journal of Managerial Psychology, 1994, 9 (4): 31–36.

[164] William J. Abernathy and Kim B. Clark. Innovation: mapping the winds of creative destruction[J]. Research Policy, 1985, 14: 3–22.

[165] William J. Abernathy and James Utterback. Patterns of industrial innovation[J]. Research Review, 1978 (6–7): 40–47.

[166] W. Mitchell. Whether and when? Probability of incumbents entry into emerging technical subfields[J]. Administrative Science Quarterly, 1989 (38): 208–230.

[167] Wholey, D.R., Brittain, J . Characterizing environmental variation[J]. Academy of Management Journal, 1989, 32 (4): 867–882.

[168] Wadhwa S., Rao K.S. Flexibility: an emerging meta–competence of management high technology [J]. International Journal of Technology Management, 2000, 19 (7/8): 820–845.

[169] Wu, L.Y. Resource, dynamic capabilities, and performance in a dynamic environment perceptions in Taiwan IT enterprises [J]. Information and Management, 2006, 43 (4): 447–454.

[170] Wu, L.Y. Entrepreneurial resources, dynamic capabilities, and start–up performance of Taiwan high–tech firms [J]. Journal of Business Research, 2007, 60 (5): 549–555.

[171] Woiceshyn, J. and Daellenbach, U. Integrative capability and technology adoption: evidence from oil firm [J]. Industrial and Corporate Change, 2005, 14: 307–342.

[172] Yoo, B.and Donthu N. Developing and validating a multidimensional

customer–based brand equity scale [J]. Journal of Business Research, 2001, 25 (11): 1–4.

[173] Young, G., Sapienza, H., and Baumer, D. The influence of flexibility in buyer–seller relationships on the productivity of knowledge [J]. Journal of Business Research, 2003, 56: 443–451.

[174] Zahra S. and George G. Absorptive capability: a review, reconceptual–ization and extension[J]. Academy of Management Review, 2002, 27(2): 185–203.

[175] Zahra, S. A., Sapienza, H. J, and Davidsson, P. Entrepreneurship and dynamic capabilities: review, model and research agenda[J]. Journal of Management Studies, 2006, 43 (4): 917–955.

[176] Zott C. Dynamic capabilities and the emergence of intraindustry differential firm performance: insights from a simulation study[J]. Strategic Management Journal, 2003, 24: 97–125.

[177] Zollo, M., and W. inter, S. G. Deliberate learning and the evolution of dynamic capabilities [J]. Organization Science, 2002, 13 (3): 339– 351.

[178] 约瑟夫·熊彼特. 经济发展理论：对于利润、资本、信贷、利息和经济周期的考察 [M]. 何畏，易家详等译. 北京：商务印书馆，2003.

[179] 约瑟夫·熊彼特. 资本主义、社会主义与民主 [M]. 吴良健译. 北京：商务印书馆，2000.

[180] 小艾尔弗莱德·钱德勒. 塑造工业时代：现代化学工业和制药工业的非凡历程 [M]. 罗仲伟译. 北京：华夏出版社，2006.

[181] 福斯特.创新：进攻者优势 [M]. 王宇峰等译. 北京：中信出版社，2008.

[182] 彭罗斯.企业成长理论 [M]. 赵晓译. 上海：上海人民出版社，2007.

[183] 理查德·R·纳尔逊，悉尼·G. 温特. 经济变迁的演化理论 [M]. 胡世凯译. 北京：商务印书馆，1997.

[184] 彼得·德鲁克. 动荡年代的管理 [M]. 北京：工人出版社，1989.

[185] 罗仲伟. 适应性企业：急剧变革时代的战略思维 [M]. 广州：广东经

济出版社，2001.

［186］安索夫. 战略管理［M］. 邵冲译. 北京：机械工业出版社，2010.

［187］安索夫. 新公司战略［M］. 北京：机械工业出版社，1988.

［188］黄速建，黄群慧. 现代企业管理，变革的观点（增补版）［M］. 北京：经济管理出版社，2007.

［189］多西，蒂斯，查特里. 技术、组织与竞争力：企业与产业变迁透视［M］. 童牧，何奕译. 上海：上海人民出版社，2007.

［190］斯蒂芬等. 管理学（第七版）［M］. 孙健敏等译. 北京：中国人民大学出版社，2003.

［191］克莱顿·克里斯坦森. 创新者的窘境［M］. 胡建桥译.北京：中信出版社，2010.

［192］克莱顿·克里斯坦森，迈克尔·雷纳. 创新者的解答［M］. 李瑜偲，林伟，郑欢译. 北京：中信出版社，2010.

［193］克莱顿·克里斯滕森，安东尼，罗恩. 远见：用变革理论预测产业未来［M］. 王强译. 北京：中信出版社，2010.

［194］安迪·格鲁夫. 只有偏执狂才能生存［M］. 安然，张万伟译. 北京：中信出版社，2010.

［195］Melissa A. Schilling. 技术创新的战略管理［M］. 谢伟等译. 北京：清华大学出版社，2005.

［196］郭士纳. 谁说大象不能跳舞［M］. 张秀琴，音正权译. 北京：中信出版社，2012.

［197］罗仲伟. 管理学方法与经济学方法的借鉴、融合［J］. 中国工业经济，2005，23：127-131.

［198］卢彬彬，罗仲伟. 技术变革引致的企业战略演进：以 IBM 为例[J]. 战略管理，2011，3（1）：61-76.

［199］路风. 从结构到组织能力：钱德勒的历史性贡献［J］. 世界经济，2001（7）：61-76.

［200］路风. 动态企业理论的发展[J]. 国际经济评论，2000（9-10）：46-51.

[201] 吕鸿江. 组织复杂性与组织效能的关系研究——环境不确定性的调节作用和组织复杂适应性的中介作用 [D]. 南京大学博士学位论文，2009.

[202] 张建东. 企业动态能力与跨期绩效关系研究 [D]. 复旦大学博士学位论文，2005.

[203] 陈卓勇. 基于动态匹配的组织特征、能力结构与绩效表现研究 [D]. 浙江大学博士学位论文，2006.

[204] 王永贵，张玉利. 对组织学习、核心竞争能力、战略柔性与企业竞争绩效的理论剖析与实证研究 [J]. 南开管理评论，2003 (4)：56-60.

[205] 王迎军，王永贵. 动态环境下营造组织竞争优势的关键维度 [J]. 外国经济与管理，2000，22 (7)：2-5.

[206] 薛红志，张玉利. 突破性创新、互补性资产与企业间合作的整合性研究[J]. 中国工业经济，2006 (8).

[207] 刘益，李垣，汪应洛. 柔性战略的理论分析方法及其应用 [M]. 北京：中国人民大学出版社，2005.

[208] 徐健. 组织柔性：内涵理论演化与未来的研究方向 [J]. 科技进步与对策，2006，23 (3)：171-173.

[209] 苏中锋，谢恩，李垣. 资源管理：企业竞争优势与价值创造的源泉 [J]. 管理评论，2007，19 (6)：31-36.

[210] 苏中锋，谢恩，孙永风. 环境的包容性和复杂性对战略柔性实施效果的影响研究[J]. 科学学与科学技术管理，2006 (9)：119 - 123.

[211] 罗荣桂，吴兵，杨世宏. 基于权变战略观的企业战略柔性研究 [J]. 武汉理工大学学报，2006，28 (2)：59-74.

[212] 王春，林峰. 企业柔性战略研究综述 [J]. 东莞理工学院学报，2010，17 (4)：63-67.

[213] 李垣，苏中锋. 战略柔性对企业获取创新收益的影响研究 [J]. 科学学研究，2008，26 (4)：414-418.

[214] 王铁男，陈涛，贾榕霞. 组织学习、战略柔性对企业绩效影响的实证研究[J]. 管理科学学报，2010，1 (7)：42-58.

[215] 王益谊，席酉民，毕鹏程. 组织环境的不确定性研究综述 [J]. 管理工程学报，2005，19 (1)：46-50.

[216] 王永贵. 战略柔性与企业高成长 [M]. 天津：南开大学出版社，2003.

[217] 万伦来，达庆利. 企业柔性的本质及其构建策略 [J]. 管理科学学报，2003，6 (2)：8-94.

[218] 王永贵，邢金刚，李元. 战略柔性与竞争绩效：环境动荡性的调节作用[J]. 管理科学学报，2004，7 (6)：70-76.

[219] 孙宝文，涂艳等. 企业战略柔性关键影响因素实证研究 [J]. 中国软科学，2010 (12)：132-144.

[220] 张超，徐燕，陈平雁. 探索性因子分析与验证性因子分析在量表研究中的比较与应用[J]. 南方医科大学学报，2007，27 (11)：1699-1705.

[221] 白利刚，凌文铨，方俐洛. 霍氏中国职业兴趣量表构想效度的验证性因子分析[J]. 心理学报，1996，28 (1)：64-68.

[222] 邱皓政. 组织构念与心理构念：心理计量的原理与信效度估计问题之探究 [C]. 全国教育与心理统计与测量学术年会暨第八届海峡两岸心理与教育测验学术研讨会论文摘要集，2008.

[223] 温忠麟，侯杰泰，张雷. 调节效应和中介效应的比较和应用 [J]. 心理学报，2005，37 (2)：268-274.

[224] 温忠麟，张雷，侯杰泰. 有中介的调节和有调节的中介[J]. 心理学报，2006，38 (3)：448-452.

[225] 温忠麟，叶宝娟. 测验信度估计：从 α 系数到内部一致性信度[J]. 心理学报，2011，43 (7)：821-829.

[226] 徐二明，陈茵. 基于知识转移理论模型的企业知识吸收能力构成维度研究[J]. 经济与管理研究，2009 (1)：102-113.

[227] 徐二明，陈茵. 中国企业吸收能力对竞争优势的影响 [J]. 管理科学 2009，22 (2)：14-23.

[228] 杨品文. 安索夫模型与动荡管理[J]. 管理与财富，2007 (7)：54-58.

[229] 亓莱滨，张亦辉，郑有增，周朋红，杨云. 调查问卷的信度效度分析

[J]. 当代教育科学， 2003，11：15-18.

[230] 曾萍. 知识创新、动态能力与组织绩效的关系研究 [J]. 科学学研究，2009（8）：35-39.

[231] 罗珉，刘永俊. 企业动态能力的理论架构与构成要素 [J]. 中国工业经济，2009（1），75-86.

[232] 马丁·弗朗斯曼. 信息、知识、愿景与企业理论，技术、组织与企业竞争力 [M]. 上海：上海人民出版社，2005.

后　记

产业演进依赖于技术创新的推动和市场需求的拉动。对技术和市场的认知、理解是掌握产业发展方向的唯一途径。技术创新虽然层出不穷，但技术变革的路线、方向并非无迹可寻，企业组织在常态化的变革面前并非无能为力，基于对环境认知基础上的系统适应能力、创新能力是企业在动荡环境中的战略选择。

变革的时代赋予我们发现问题并寻找解决路径的机会。本书从着手撰写到交付出版，大约两年时间。这两年间，行业和企业的变革风起云涌。新技术，特别是以大数据为特征的信息技术加速了互联网与传统产业的融合，传统产业的运营模式正在经历一场巨大的挑战和颠覆，金融业、零售业、出版业、现代制造业、服务业无一幸免。创新型企业改变着行业的运营逻辑，苹果、三星颠覆了移动通信终端，亚马逊、阿里巴巴、京东商城改变了传统零售业，Twitter、Facebook和微信撼动了传统社交媒介……

感谢我在企业界多年的朋友们，他们的管理实践是促使我从事探索性研究的来源，他们在工作中遇到的困惑帮我明晰了研究的问题、思路和角度。感谢我的导师罗仲伟先生，在本书的框架设计、研究方法、资料收集过程中，罗老师都付出了大量的时间和精力，提出了很多富有建设性的意见。感谢北京建筑大学经济与管理工程学院的同事们在本书的写作过程中给予我的帮助。感谢我的父母、先生和儿子，他们给予我支持，是我努力工作的动力，每当想起他们，所有的困难、挫折都变得不重要。

卢彬彬

后记

[illegible]

[illegible]

[illegible]